Friderich Martens

Spitzbergische oder grönländische
Reisebeschreibung (1671)

Friderich Martens

Spitzbergische oder grönländische Reisebeschreibung (1671)

ISBN/EAN: 9783954271238
Erscheinungsjahr: 2012
Erscheinungsort: Bremen, Deutschland

© maritimepress in Europäischer Hochschulverlag GmbH & Co. KG, Fahrenheitstr. 1, 28359 Bremen. Alle Rechte beim Verlag und bei den jeweiligen Lizenzgebern.

www.maritimepress.de | office@maritimepress.de

Bei diesem Titel handelt es sich um den Nachdruck eines historischen, lange vergriffenen Buches. Da elektronische Druckvorlagen für diese Titel nicht existieren, musste auf alte Vorlagen zurückgegriffen werden. Hieraus zwangsläufig resultierende Qualitätsverluste bitten wir zu entschuldigen.

Friderich Martens
vom Hamburg
Spitzbergische oder Groenlandische
Reise Beschreibung
gethan im Jahr 1671.

Aus eigner Erfahrunge beschrieben / die dazu erforderte
Figuren nach dem Leben selbst abgerissen / (so hierbey in
Kupffer zu sehen) und jetzo durch den
Druck mitgetheilet.

Hamburg /
Auff Gottfried Schultzens Kosten gedruckt /
Im Jahr 1675.

Denen Wol-Edlen/ Vesten/ Großachtbaren/ Hoch- und Wohlgelahrten/ Hoch- und Wohlweisen

Herren/

Herren Burgermeistern
und Raht/ der Käys. Freien und des H. Röm. Reichs-Stadt Hamburg.

Seinen allerseits Hoch-gebietenden Herren/ Patronen und groß-geneigten Beforderern.

Wündschet alles ersprießliches Wolergehen

Friderich Martens.

Wohl-Edle/ Veste/ Großachtbahre/ Hoch- und Wohlgelahrte - Hoch- und Wolweise Herren.

Als der Meister des Buchs der Weißheit/ von Gottes des Allmächtigen/ sonderbaren Vorsehung der Schiffe im Meer mit diesen nachdencklichen Worten/ da er Gott mit anredet/ meldet: Dieweil du (GOtt) nicht wilt/ das ledig liege/was du durch deine Weißheit geschaffen hast/ geschichts/ daß die Menschen ihr Leben auff so geringen Holtz vertrauen / und behalten werden im Schiffe/ damit sie durch die Meers-Wellen fahren: Solches befinden wir insonderheit an unserm Orte/ zu unser Zeit/ da wir auch nicht die allerkältesten und unfruchtbahresten Länder auffzusuchen/ und dieselbe uns zu Nutze zu machen/ gantz und gar keine Gefahr scheuen.

Insonderheit mercken wir/ daß GOtt der Höchste nicht wolle/ daß der äusserste kälteste Nord-Strich ledig liege/ in dem vor etlich dreyssig Jahren unsere Hamburger zum ersten mahl mit einem oder zweyen Schiffen es gewaget in so grausamen kalten Landen Nahrunge zu suchen.
Weil

Weil denn nachmahls allgemählich mehr Schiffe dahin abgegangen seynd/ hat diese gute Stadt dahero je länger je mehr des Göttlichen Segens reichlicher genossen/ und ist zugleich alle Gelegenheit desselben Nord-striches besser erkundet worden.

Weil ich dann vor vier Jahren auff einem derselben Schiffen die Reise dahin gethan / und mich/ als einen Schiffs-Barbierer/ darauff brauchen lassen/habe ich bey dieser Gelegenheit/ GOttes sonderbahre Vorsehung an diesen kalten Orten betrachtet/ und was ich im Eise/ im Wasser/ in der Lufft/ und auff dem Lande denckwürdiges gefunden/ nach dem Leben alsobald auff der Reise frisch abgerissen/ und so viel ich gekont/nicht aus andern Büchern/ sondern aus eigener Erfahrung/ beschrieben.

Ob ich nun wol Anfangs nicht gesinnet gewesen/ diese meine geringe Anmerckungen an das Tage-Licht zu bringen/ so hab ich doch (weil solche meine Arbeit Herrn Doct. Kirstenio, und Herrn Doct. Fogelio sehr wol gefallen) dieselbe auffs neue vorgenommen / wol halben Theils vermehret/ und also dem Vaterlande zum besten in offentlichen Druck außgegeben.

Daß ich aber Euer Wol-Edle/ Veste/ Groß-Achtbahre/Hoch-und Wohlgelahrte/Hoch und Wohlweise Gunsten/ diese meine Reise Beschreibung zueignen/ und unter dero Hochansehnlichen Nahmen außgeben wollen/ darzu veranlasset mich insonderheit/meine Schuldigkeit/ womit ich Ihrer Wohl-Edlen/ Vesten/ Groß-Achtbahren/ Hoch-und Wolgelahrten/ Hoch- und Wohlweisen

weisen Gunsten/ wegen bißhero genossenen Schutz und Schirm höchst verpflichtet bin.

So versichere mich auch/ daß Eure Wohl-Edle/ Veste/ Groß-Achtbahre/ Hoch-und Wohlgelahrte/ Hoch-und Wohlweise Gunsten/ sonderbahre Liebe wie zu allen Wissenschafften/ also auch zu Erkundigung frembder und abgelegener Länder/ insonderheit derer/ wovon diese gute Stadt ihre Nahrung und Auffnehmen haben kan.

Bitte unterdienstlich / solche meine geringe Arbeit großgünstig auffzunehmen/ und mir dadurch Anlassung zu geben/ andere dergleichen Reisen mehr zu dieser lieben Stadt grössern Nachruhm und Wachsthum der Handlung hinfüro fortzusetzen.

Empfehle Ihre Wohl Edle/ Veste/ Groß-Achtbare/ Hoch-und Wohlgelahrte/ Hoch-und Wohlweise Gunsten/ in GOttes mächtigen Schutz/
 und verbleibe

Deroselben

Hamburg am Tage
Gregorii des Jahres
1675.

unterthänigster Diener

Friderich Martens
Hamburger.

An den Leser.

GUnstiger Leser: als ich vor wenig Jahren nach Spitsbergen oder Grönland reisete/ nahm ich mir vor/ dieselbe Reise auffs kürtzeste zu Papier zu bringen/ und was mit Gemälten fürzustellen war/ abzureissen/ wie denn auch geschehen.

Wie ich aber nach Hause kommen/ etlichen vornehmen Freunden/ insonderheit Herrn Doct. Kirstenio, und Herrn Doct. Fogelio solche Figuren und Schrifften gezeiget/ hat ihnen nicht allein solches Werck wolgefallen/ sondern sie haben auch würdig erkant/ daß solches dem Druck möchte übergeben werden.

Wie ich mich nun hierüber gemacht/ und wolgedachter Herr D. Fogel des Herrn Oldenburgs neun und zwantzigste Philosophische Zeitung vorgezeiget/ und was wolgedachter Herr Oldenburg von Spitsbergen insonderheit zu wissen begehret/ aus dem Englischen verdolmetschet/ habe ich meine Reise-Beschreibung wol die Helffte vermehret/ nicht aus andern Büchern/ sondern alles aus eigener Erfahrung/ und zweifele nicht/ ich werde in etlichen dem Begehren solcher curiosen/ und fürnehmen Herren einen Genügen gethan haben/ wenn ich schon nicht eben alle Fragen beantworten können.

Denn ich nicht allein von Tag zu Tage das Gewitter und des Poli Höhe/ wo ich gekont/ angezeichnet/ sondern habe auch von Spitsbergens Erdreich/ Meer/ Eyse uñ Lufft/ auch Wind/ Schnee/ Regenbogen/ Kräutern/ Thieren/ insonderheit vom Walfisch und dessen Fang so außführlich/ als müglich gewesen/ in vier Theilen gehandelt.

In solcher meiner Arbeit hat mir Herr Doctor Fogel alle hülffliche Hand geleistet/ in dem er dieses Werck/ welches zuvor kurtz/ als ein Text/ weitläufftiger zu machen/ durch vielfältige Fragen fürnehmste Ursachen gegeben/ und dadurch viel heraus gebracht/ woran ich sonsten nicht gedacht hätte.

Er hat auch ferner dieses Werck in richtige Ordnung gebracht/ und also eingetheilet/ daß man ohne andere Register leichtlich wird finden können/ was man hierin auffsuchen wil.

Er hat mir auch einige Kräuter zu Gefallen auffgesucht/ und sich bemühet/ dieselben zu gewissen Geschlechtern zu bringen.

Endlich auch hat er etliche bequeme Nahmen erdacht/ damit man die Kräuter und Thiere/ so noch keinen Teutschen Nahmen gehabt/ deutlich und kurtz nennen möchte. Für welche vielfältige Mühe ich wolgedachtem Herrn D. Jogel alhier öffentlich schuldigsten Danck wil gesaget haben.

Was von Druckfehlern eingeschlichen/ wolle der günstige Leser der eingefallenen grossen Beschleunigung dieses Werckleins zuschreiben/ die vornehmsten habe ich zu Ende dieses Wercks angezeichnet/ so der günstige Leser ohne Verdruß am angedeuteten Orte ändern wolle. Gehab dich wol/ lieber Leser/ und erwarte ins künfftige ein mehrers.

Bericht an den Buchbinder.

Die Kupffer/ so hierinne sind/ müssen zerschnitten/ und der Anzeichnung nach A B C D E F G H I K L M N O P Q. hinter einander weg zu Ende des Buchs geheftet werden/ weilen einige Figuren zuweilen an 3 oder mehr Orten im Buch gedacht wird.

Spitzber-

Spitsbergischer Reise
Erster Theil/
Begreiffend der gantzen Reise Verlauff sambt dem Gewitter des 1671. Jahrs/ vom 15. Aprilis biß den 21. Augusti täglich beschrieben.

1. Capittel.
Hält in sich die Hin-Reise von der Elbe biß Spitsbergen.

1671. den 15. Aprilis

Es Mittages siegelten wir von der Elb in die See. Der Wind war Nord-Ost. Des Abends waren wir neben das Heilige Land. Der Wind lief Nord/ Nord-West. *Helgoland*

Das Schiff hieß Jonas im Walfisch/ der Schiffer darauff hieß Peter Petersen der Friese.

Den 16 (Palm-Sontages) war trüber Sonnen-Schein/ der Wind Ost/ wir siegelten auff 56. Grad.

Den 17. war trüber Sonnen-Schein den gantzen Tag/ der Wind Ost/ wir siegelten auff 57. Grad.

Den 18. war es Ost-windig mit trüben Sonnen-Schein/ kamen auff 58. Grad 49. Minuten.

Den 19. war der Wind Süd-West und West/ kamen auff 59. Grad.

Den 20 war der Wind Süd Süd-West/ stürmig und Regen dabey. Hittland war von uns West Süd-West/ 15. Meil nach Muthmassen/ wir siegelten Nord-West zum Norden/ und kamen auff 61. Grad.

Den 21. war es stürmig und Regen/ der Wind Süd-West/ waren auff 62. Grad 12. Minuten. Die Verlängerung der Tage/ und Abnehmung der Nächte/ merckete man von Graden zu Grad. Man sah des Nachtes noch Sternen/ die Kälte vermehrete sich auch.

Spitsbergischer Reise /

Hier rüsten sie sich schon auf den Walfisch=Fang/ die WalfischLantzen/ Harpun/ Linien/ Riemen/ und was noch mehr dazu gehörig/ legten sie in die Neben=Schiflein oder Slupen auf Vorzaht/ es mocht viel Ungewitter Hinderung machen/ daß man es nicht zu rechte legen konte.

Den 22 war es windig/ kalt dabey/ die Nacht regnete es/ der Wind war Südwest/ kamen auf 65 Grad.

Den 23/ am Ostertage/ war es neblich den gantzen Tag/ der Wind Südwest/ waren auf 66 Grad 14 Minuten.

Den 24 OsterMontages war es sturmig/ der Wind Südwest. Die Höhe konten wir diesen Tag nicht nehmen/ weil es dunckel von Regen war.

Den 25 sturmete es den gantzen Tag/ der Wind war Südwest/ auffn Abend legte sich der Wind/ und lieff Osten/ mit Hagel/ Schnee un Regen/ ein umbs ander mit leidlicher Kälte/ waren auf 68 Grad 46 Minuten.

Den 26 war es sturmig den gantzen Tag mit selbigen Wind/ wir siegelten Nord=Ost und noch etwas mehr östlicher auf 71 Grad 3 Minuten.

Den 27 war Sturm/ Hagel und Schnee/ sehr kalt dabey. Der Wind Ost/ NordOst/ kamen auf 71 Grad/ wir kamen an das Eiß/ und kehreten mit dem Schiffe davon.

Johann Maien Eiland war von uns Südwest zum Westen/ nach Muhtmassung 10 Meil davon. Wir hätten das Eiland genug sehen können/ es war aber die Luft voll Nebel und Schnee/ daß wir nicht ferne sehen konten.

Des Mittags war es sturmiger/ darauf namen wir unser Mastsiegel ein/ und brachten das förderste grosse Siegel (die Focke) auf die forderste Schif=bancke oder Stäfen/ und trieben mit dem grossen mittelsten Siegel Schumfersiegel genant Süden zum Osten.

Den 28 war es nicht also windig/ der Wind NordOst/ wir kamen wieder an etliche Eißschollen.

Den 29 war es Neblich den gantzen Tag/ der Wind Ost/ Nord=Ost. Wir kamen an das Eiß/ und siegelten wieder davon. Wie in der Tafel lit. A bey dem Walfischfang zu sehen ist.

Den 30. den 1 Sontag nach Ostern/ war es Neblich und Regen mit Schnee/ der Wind Norden/ Abends siegelten wir wieder an das Eiß. Wir siegelten wieder davon/ die See war gantz unruhig/ und machte das Schif hart bewegen.

Den 1 Maji fing der Wind hart an zu wehen/ folget harter Sturm/ sehr kalt dabey/ bald Schnee/ Sonnenschein umb das ander/ der Wind war NordWest.

Den 2 Maji des Vormittags sturmig/ der Wind ward stiller auf den Abend/ sehr kalt dabey/ mit Schnee/ der Wind West/ NordWest.

Den

1. Cap. **Ersten Theils von der Hinreise.**

Den 3 kalt/ Schnee/ Hagel/ und trüber Sonnenschein/ der Wind West/ NordWest/ hier gieng die Sonne nicht mehr unter/ man sah sie bey Nacht als am Tage.

Den 4 Schnee/ Hagel/ trüber Sonnenschein/ mit leidlicher Kälte/ der Wind NordWest.

Es ist täglich unbeständig Gewitter/ und die Seehunde siehet man sehr viel/ sie springen aus dem Wasser vor den Schiffen her/ possierlich anzusehen/ und stehen mit halben Leibe aus dem Wasser/ und halten gleichsam einen Tantz (Rubben Tantz genandt) untereinander.

Den 5 des Vormittags war leidliche Kälte/ mit Sonnenschein/ gegen Mittag dunckel Gewölck mit Schnee und strenger Kälte. Der Wind Nord/Nord-West.

Wir sahen täglich viel Schiffe/ die umb das Eiß siegelten/ oder kreutzen/ wie sie es nennen/ ich merckete/ wann einer dem andern nahe vorbey siegelte/ preieten sie einander/ das ist/ sie rieffen: Holla/ der ander rieff wieder also/ Wie viel Fische habet ihr gefangen/ antwortet der ander 3/ 4/ 5/ oder wie viel es seyn. Und der ander machet es wieder also/ solte er auch noch einen oder mehr/ als er hat/ dazu setzen/ schadet eben nichts.

Wann es windig/ daß sie wegen des Windes einander nicht zuruffen können/ schlagen sie mit dem Hute auf und nieder: so viel Fische einer gefangen.

Wann sie aber ihre vollkommen Schiffes-Ladung von Walfischen haben/ lassen sie zum Zeichen die grossen Fahnen (Flaggen genant) wehen/ hat einer ein Gewerbe an den andern/ so leget er dasselbe bei dem andern ab/ wie in der Tafel A mit A abgebildet ist.

Den 6 des Morgens war der Wind NordWest/ bald darauf lief der Wind West/NordWest/ mit Sturm/ Hagel/ Schnee und strenger Kälte: mit ungleich ziehenden Wellen/ wie es pflegt zu seyn/ wann der Wind umblauft/ die eine Welle ziehet diesen Weg/ eine ander Welle dagegen/ und sprützen viel über die Schiffe/ ehe sie einen Weg ziehen.

Den 7 gelinde Kälte/ gewölckich Schnee und Regnicht. Auf den Abend siegelten wir wieder an das Eiß/ der Wind war uns gantz widerlich/ und das Eiß war zu klein/ siegelten also wieder von dem Eise.

Wir sahen des Nachmittags Spitsbergen/ das Südende von dem Nordvorlande/ wusten nicht anders/ als daß es der behaltene Hafen war.

Das Land sahen wir/ wie eine finster Wolcke/ welche voll weissen Strichen war.

Wir wendeten wieder nach Westen/ das zu verstehen ist/ nach welchem Strich des See-Zeigers (Compas genant) ein jedes Land lieget/ welches auch von dem Eise und Hafen zu verstehen ist.

A ij Den

Den 8 war es Neblich/ Schnee mit leidlicher Kälte/ des Abends war die Luft klar/ und wir sahen viel Schiffe umb uns/ der Wind/ Süd/ Südwest.

Den 9 Neblicht und Schnee mit leidlicher Kälte/ der Wind West/ Süd West.

Des Nachmittags lief ein Finnenfisch bey unser Schiff/ den wir auf das erste vor einen Walfisch ansahen/ ehe wir die hohe Floßfeder (Finnen genant) bey nahe auf den Schwantz sahen/ liessen also die Slupen vom Schiffe/ und diese Arbeit war vergebens/ weil wir seiner nicht begehereten.

Den 10 des Vormittages war gelinde Kälte/ auf den Mittag wehete es starck/ auf den Abend Sturm/ welcher die gantze Nacht anhielt/ mit strenger Kälte/ der Wind West/ Nordwest.

Den 11 Sturm den gantzen Tag mit strenger Kälte/ der Wind West/ Nord west.

Von dem 25 April biß hieher haben wir keine Höchte der Sonnen genommen/ wir kamen auf 70 Grad 3 Minuten: und siegelten Norden nach dem Eise zu.

Es scheinet wohl was seltsam von dem zu/ und wieder von dem Eise siegelen/ welches hernach soll gemeldet werden.

Den 12 sturmig mit strenger Kälte/ der Wind Norden.

Man konte sich für Kälte im Schiffe kaum bergen/ denn wir haben die strengeste Kälte in diesem Maj Monat erlitten.

Den 13 war es sturmig/ mit strenger Kälte/ der Wind Norden.

Den 14 war der Wind Nord-Ost/ schön Wetter/ Sonnenschein/ waren auf 75 Grad 22 Minuten.

Umb uns zehleten wir 20 Schiffe/ die See war gantz eben/ den Wind konte man kaum mercken/ sehr kalt dabey.

An diesem Orte leget sich die See alsobald nach einem Seesturm/ fürnehmlich/ wann der Wind von dem Eise her wehet/ und der Wind aus der See machet allezeit grösser Wellen.

Umb Mitternacht kamen wir wieder an das Eiß/ wir sahen es nicht für gut an hinein zu siegeln/ weil es klein Eiß war/ kehreten also wieder davon.

Den 15 war der Wind Nord-Ost/ wir siegelten in das Eiß/ und mit uns 14 Schiffe/ und siegelten alle wieder daraus/ dann es war noch klein Eiß/ und waren auff 75 Grad 33 Minuten.

Des Tages sahen wir einen Walfisch nicht ferne von unser Schif/ liessen darauff 4 Schlupen vom Schiffe.

Und diese Arbeit war auch umbsonst/ denn der Fisch lieff unter Wasser/ da wir ihm nicht folgen konten/ wir sahen ihn auch nicht mehr.

Den

Den 16 des Morgens schöner Sonnenschein und kalt mit Norden Wind/ windig dabey.   Die Nacht Sonnenschein.

Wir siegelten noch am Eise/ mit uns 3 Hamburger Schiffe; kalt mit Sonnenschein die gantze Nacht.

Den 17 strenge Kälte mit Sonnenschein / umb Mittag Sturm / Nachmittags Schnee/ der Wind Nord/ Nord-Ost.

Hier werden wenig Vögel gesehen.

Den 18 war stille mit strenger Kälte / gegen Mittag wehete der Wind aus Nord-Nord-Osten/ kamen auf 75 Grad 35 Minuten.

Des Nachmittages siegelten wir wieder nach dem Eise mit uns 3 Schiffe.

Den 19 war trüber Sonnenschein/ der Wind Norden / mit stille/ daß man kaum Wind mercken konte.

Wir riemeten mit einer Slupen von dem Schiffe an das Eiß/ und schlugen zwo Seehunde (oder Rubben/ wie sie von den Seefahrenden genennet werden) es lagen daselbst so viel See-Hunde auf den Eißschollen/ daß man sie nicht zählen könte.

Den 20 war sehr strenge Kälte / daß auch die See mit Eise überzogen war/ doch war es stille/ daß man kaum Wind mercken konte. Der Wind war Norden.

Mit uns waren 9 Schiffe/ die umb das Eiß siegelten/ und wir funden je länger grösser Eiß/ das von einander getrieben war.

Den 21 oder den vierdten Sontag nach Ostern siegelten wir in das Eiß des Vormittags/ mit noch einem Hamburger Schiffe/ der Lepeler genandt/ und 8 Holländer. Wir machten das Schiff mit Eißhacken an ein groß Eißfeld fest/ als die Sonne Süd/ Süd West war/ umb uns zehleten wir 30 Schiffe im Eiß/ die lagen wie in einem Hafen. (Tafel A mit B gezeignet.)

Also siegelt man in das Eiß/ und man waget die Schiffe in das Eiß hinein/ wie es trifft/ als man es waget mit einem Glaß/ daß/ ob es wol auf die Erden fält/ doch zu weilen gantz bleibet/ wie zu sehen ist die Tafel B mit A gezeichnet/

Den 22 war der Wind Süden.

Wir lagen noch an derselben Eißschollen feste.

Den 23 waren wir auf 77 Grad 24 Minuten in dem Eiß mit hellen Sonnenschein/ und lagen an eim groß Eißfelt feste.

Den 24 war Sturm/ Regen und Schnee/ gelinde Kälte/ der Wind Süden.

An diesem Orte vernahmen wir gar keine Wellen aus der See/ sondern ziemliche Stille.

Den 25 wars windig/ kälter/ Neblicht und Schnee/ etwas Sonnenschein/ der Wind Nordwest.

Den 26 fiel des Morgens Schnee/ Vormittags war trüber Sonnenschein/ der Wind wehete harter.

Wir machten das Schiff von der Eißschollen loß/denn wir trieben nach Süden näher der See zu/darumb siegelten wir ferner in das Eiß/weil man für das beste hält etwas ferne im Eiß zu seyn.

Den 27 war es stille/ es schneiete dabey mit Süden Wind.

Den 28 des Vormittages war es hell Wetter / des Mittages windig und Nebel/des Nachmittags Schnee.

Den 29 Strenge Kälte gewölckich mit Süden Wind/die Nacht klar Wetter mit Sonnenschein. Dieselbe Nacht besetzte uns das Eiß/ und das Schiff ward hart gedrenget/daß Eiß trieb balde wieder von einander/ also/daß das Meer etwas sauber vom Eise war/daß wir mehr Wasser als Eiß sehen konten/in der Tafel B mit A bezeichnet.

Den 30 war des Morgens schön Wetter / umb Mittag Schnee/ der Wind Süd Ost mit Stille.

Wir riemeten mit den Schlupen vor dem grossen Schiffe(welches Büksieren genennet wird) ferner in das Eiß.

Des Morgens hörten wir einen Walfisch blasen/da die Sonne im Osten war/ und brachten ein Walfisch-Weiblein an das Schif/da die Sonne Ost/ Süd-Ost war/denselben Tag schnitten wir das Speck davon/ und fülleten 70 Kardelen voll Specks. Bey diesem Fische vernahmen wir viel Vögel / die meisten waren Mallemükken/und waren also begierlich nach der Speise/daß man sie mit Stekken zu tode schlug. Dieser Fisch ward meist von den Vögeln verzahten/ denn man sahe überal viel Vögel auf dem Meer/wo der Walfisch gewesen war. Denn er war mit einer Harpunen verwundet/ welche ihm noch im Fleische stach/ der Walfisch hatte sich auch ermüdet von harten schwimmen / er bließ auch gantz hol/ und war gantz entzündet/daß er lebendig stanck/und die Vögel assen von ihm. Dieser Walfisch gehrete recht/wie er todt war / und von dem Rauch entzündeten sich unsere Augen. Wie zu sehen ist in der Tafel A mit a bezeichnet.

Des Nachts verlohr Cornelius Seinan sein Schif in dem Drengen des Eises / und an diesem Orte werden sehr grosse Eißfelder gesehen/ und die Seefahrenden nennen es West-Eiß/weil es nach dem Westen lieget/wie zu sehen ist in der Tafel B mit b bezeichnet.

Den 1 Brachmonat oder Junii war schön Sonnenschein / die Nacht machten wir das Schif an ein groß Eißfeld mit Eißhacken feste/ die Eißscholle konten wir nicht übersehen. Darauff folget Sturm/ der Wind Nordwest.

Den 2 Junii des Vormittages strenge Kälte/ und des Nachts sahen wir den Mond gantz bleich/als er bey uns am Tage gesehen wird / schön Sonnenschein dabey/darauf folgete Nebel und Schnee/der Wind Nord/Nord-Ost.

D iij

Den 3 war es sehr kalt/ Schnee/ stürmig dabey/ des Nachmittages leidliche Kälte mit kleinen Schnee/der Wind Nord-Ost.

(Weil ich den Unterscheid von den kleinen und grossen Schnee beschreibe/ sol davon im Capittel der Lufft mehr gemeldet werden.) Tafel E.

Die Nacht kam ein Schlupe von Cornelius Seemann mit 8. Männern an unser Schiff.

Den 4 bald Schnee/bald Regen/bald Sonnenschein/mit leidlicher Kälte/ der Wind Norden. Wir sahen einen Walfisch und wandten Mühe auff denselben, er aber wolte die Mühe nicht belohnen/ denn er entkam uns.

Den 5 war Sturm den gantzen Tag mit Sonnenschein/ die Nacht legte sich der Wind / darauff folgte die Nacht ziemlich warm Sonnenschein/ der Wind war Norden.

Wir waren wieder auff die Jacht hinter einen Walfisch/ den wir auch nicht bekamen. Ist auff der Tafel A. gezeichnet mit C.

Den 6 war es nebelich/des Vormittages trüber Sonnenschein mit leidlicher Kälte und Norden Wind.

Des Morgens waren wir wieder auff die Jacht / und einem Walfisch waren wir so nahe/ daß der Harpunier die Harpun wolte werffen/ den Fisch hätten wir gerne gehabt/er senckte sich aber hinten nieder/und den Kopf hielt er aus dem Wasser/und sanck also nieder wie ein Stein/ (ist auff der Tafel A mit d gezeichnet) und wir sahen ihn nicht mehr/ es scheinete wol/ daß diese grosse Eißscholle in der Mitte voller Löcher war/daß die Walfische Lufft schöpffen konten. An diesem Eißfelde lagen mehr Schiffe/ einer jagete den andern die Fische zu/ und wurden gantz scheu gemacht/ so bekombt der eine alsdenn so viel Fische als der ander/ oder gar keinen.

Des Tages waren wir zu dreyen mahlen auff die Jacht/und fingen nichts.

Den 7 war schön Wetter/Sonnenschein/ziemlich warm den gantzen Tag/ des Abends windiger.

Wir machten das Schiff von dem Eise loß/und siegelten näher der See zu.

Den 8 war es Nebelich/ folget darauff Schnee den gantzen Tag.

Wir sahen des Tages sehr viel See-Hunde an der See-seite auff dem Eise/ liessen darauff eine Schlupe vom Schiffe/ und schlugen 15.

Den 9 war es gewölckich den gantzen Tag/ der Wind Nord-Ost.

Wir siegelten wieder aus dem Eise / denn wir keine Fischerey darin hatten/ und siegelten vor dem Eise umb die Ost/ das ist nach Spitsbergen. Tafel A gezeichnet mit e.

Den 10 war es windig und Schnee/ des Nachmittages Sonnenschein/ der Wind Norden.

Spitsbergische Reise

Den 11 (am Pfingst Tage) des Vormittages Sonnenschein mit langenziehenden Wolcken/ umb Mittag windig/ des Abends sturm/ der Wind Norden.

Den 12. kalt/ den gantzen Tag sturmig dabey/ die Nacht Sonnenschein.

Wer nicht recht genau darauff siehet der weiß kein Unterscheid ob es Tag oder Nacht ist.

Den 13 war deß Nachmittages windig und Nebel/ waren auff 77 Grad/ wir siegelten bey dem Eise hin etwas Ostlich nach Spitsbergen/ ist in der Tafel A gezeichnet mit e.

Die Nacht sahen wir mehr als 20 Walfische/ die lieffen hinter einander her nach dem Eise/ und davon bekamen wir den andern Fisch/ welcher ein Walfisch Männlein war/ und dieser Fisch/ als man ihn mit Lanzen tödte/ bließ starck Blut/ daß auch die See davon gefärbet war/ wo er geschwummen: Diesen Fisch brachten wir an das Schif/ als die Sonne Norden war/ denn die Sonne ist in Spitsbergen der Seefahrenden Uhrwerk/ sonst wurde man immer im Tage hinein leben/ und in den gewöhnlichen 7 (Wochen) Tagen irren.

Den 14 war es kalt und windig/ die Nacht nebelicht/ der Wind war West.

Deß Tages kamen wir bey Hans Lichtenberg.

Den 15 war es neblicht windig dabey/ der Wind West.

Den 16 eben so/ und noch windiger.

Den 17 der Wind Süden/ windig und Regen den gantzen Tag.

Den 18 deß Sontages nebelich/ sehr kalt dabey/ deß Vormittages kamen wir bey Spitsbergen. Erstlich bey den Voerlande/ darnach bey den 7 Eißbergen/ ferner siegelten wir den Hamburger/ Magdalenen/ Englisch und Dänisch Hafen (oder Baj) vorbey/ und siegelten in den Südhafen oder Bai: Uns folgeten 7 Schiffe/ 3 Hamburger/ und 4 Holländer. Tafel C gezeichnet mit a. Denn es gehet hier als wenn sie in das Eiß siegeln wollen/ wann mehr als ein Schif beyeinander siegeln/ so wil der eine vor den andern der erste nicht seyn/ und geschicht darumb/ weil sie nicht wissen können/ wie es inwendig deß Hafens außsiehet vom Eise. Auf der Hinreise von dem Eise biß Spitsbergen/ sahen wir gantz kein Eiß/ es war alles von dem Winde vertrieben.

Deß Nachts schnitten wir deß Walfisches Speck von dem andern Fisch in die Fässer/ und fülleten davon 65 Kardelen.

Den 19 war Sturm und Regen den gantzen Tag/ deß Nachmittages/ wie auch die gantze Nacht schien die Sonne ziemlich warm/ mit Stille.

Des Tages brach uns ein dick Ankerstrik/ und wir liessen das ander Anker fallen.

Die Nacht siegelten wir mit 3 Slupen in den Englischen Hafen oder Bay/ und sahen einen Walfisch/ darauf worffen wir 3 Harpunen/ und lantzeten ihn/ (das ist/ wenn man mit den Spiessen auf ihn sticht) der Walfisch lief unter klein Eiß / welches nahe aneinander lag/ und wir konten ihm nicht folgen/ er hielt sich auch lange unter Wasser ehe er wieder aufkam/ und lief wenig fort/ ehe er wieder aufkam/ und das trieb er oft also/ daß wir mehr als eine halbe Stunde warten musten/ ehe er wieder aufkam biß er unter dem Eise lief / die Harpunen rissen auß und den Walfisch sahen wir nicht mehr.

Auf dem Eise lagen 2 grosse Walrosse/ die waren durch ein löchrichte Eißscholle auf dem Eise kommen/ und schlieffen / wir benamen ihnen den Paß/ und bedekten das Loch in der Eißschollen/ darnach wecketen wir sie auf mit Lanzen/ und die Walrosse stelleten sich gegen uns zur Wehr/ und waren schwer zu tödten.

Wir sahen auch sehr viel Weißfische.

Den 20 war ziemlich warm Sonnenschein den gantzen Tag mit Stille.

Den 21 deß Morgens wunden wir das Anker auf/ und siegelten auß dem Südhafen oder Bay/ umb die Ost.

Es war windig und Nebel den gantzen Tag und Nacht / der Wind lief Nord-Ost.

Den 22 schön Wetter / ziemlich warm dabey/ wir waren neben dem Rehenfelt/ da lag das Eiß am Lande feste: Wir sahen auch 6 Walfische/ und bekamen einen Walfisch Männlein/ den dritten Fisch/ er ward gefangen deß Nachmittages bey westlichen Sonnenschein/ dieser Walfisch ward von einem Mann getödtet/ der die Harpune auf ihn warff/ tödtete ihn auch/ weil die andern Slupen hinter andere Walfische jageten / dieser Fisch lief nach dem Eise/ und das Eiß drang aneinander / so daß die andern Slupen/ auch die Männer nicht zu der andern Slupen kommen konten / der Fisch lag und tobete immer bey derselben Eißschollen / und ehe er den Geist aufgab/ schlug er greulich mit dem Schwantz/ daß das Meer staubte/ das Eiß trieb ein wenig voneinander/ daß sie mit den Slupen riemen konten/ machten also eine Slupe hinter die ander feste/ und buchsireten mit dem Walfische an das grosse Schif/ wir schnitten ihn alsobald in die Fässer/ und fülleten davon 45.

Die Nacht war klar Sonnenschein.

Den 23 war es windig/ Nebel/ kalt dabey/ Abends klare Luft. / die Nacht wieder Nebel und windig.

Den 24 leidliche Kälte den gantzen Tag/ wir siegelten wieder in den Südlichen Hafen/ und lagen vor Anker 13 Schiffe. Tafel C.

Spitsbergische Reise/

Den 25 war Sonnenschein den gantzen Tag und Nacht / der Wind Süd-Ost.

Den 26 Sonnenschein den gantzen Tag / wir wunden das Anker auf / und siegelten auß den Südhafen.

Den 27 deß Vormittages war es nebelich / deß Nachmittages Sturm/ welcher die gantze Nacht anhielt.

Den 28 war Sturm den gantzen Tag / wir trieben mit einem außgespanneten Stumfer-siegel und Baſan / und die Jocke brachten wir auf die Stäfen/ und trieben bey dem Lande hin.   Tafel D gezeichnet mit a.

Den 29 war schön Wetter und Sonnenschein mit Stille.

Den gantzen Tag jageten wir hinter Walfischen / und auf einen worffen wir die Harpune/welche wieder außriß und den Fisch bekamen wir auch nicht.

Den 30 war es nebelicht und windig den gantzen Tag.

Deß Tages siegelten wir vor dem weiten Hafen oder Bay/ und funden viel Walfisches Speck im Meer treiben 3 Fässer voll / und St. Nicolaus Bild trieb im Meer/welcher hinter dem verlohrnen Schiffe gestanden war / es lag daselbst hin und wieder noch viel Eiß.

Den 1 Heumonat oder Julii deß Mittages waren 2 Walfische nahe bey unser Schiff/ man sahe daß sie sich miteinander vermischen wolten / wir liessen den Beyden zu Gefallen die Slupen vom Schiffe / und die Harpun traff das Weiblein/ wie dieses der ander Walfisch vernam / säumete er nicht lange/ das Weiblein lieff allezeit daß man sie sehen konte auff dem Wasser / und schlug mit dem Schwantz und Floßfedern (Finnen genandt) von sich / daß wir so nahe nicht kommen konten/ sie zu lantzen/ einer von den Harpunirn war also kühn / und wagete sich beym Walfische / den grüste der Walfisch mit dem Schwantz über den Rucken/ daß ihm der Odem entstehen möchte / in der andern Slupen wolten sie sich nicht schimpffen lassen / sondern eileten auch zum Walfische / die warff er mit dem Schwantz umb/ daß der Harpunier/wie es die Taucher machen / den Kopff unter Wasser verbarg / und die andern in den Slupen folgeten ihm / ihnen ward die Zeit im Wasser lange/denn es war kalt/ und mit Zittern kamen sie wieder an das Schiff.

Desselben Morgens vor den weiten Hafen / ließ sich ein Walfisch nahe bey unserm Schiff sehen/darauff liessen wir 4 Slupen vom Schiffe / und zwey Hollandische Schiffe waren auf ein halbe Meil von uns / davon kam ein Slupe anriemen/ und wir wendeten grosse Mühe auf den Fisch / der Fisch aber kam recht vor des Holländers Slupen auf / und ward von den Hollander mit der Harpunen geworffen.   Das war recht das Brod vor dem Maul weggerissen/

rissen/es schmertzte uns wol ein wenig / aber die Holländer namen darauf den Fisch zu sich/ und brachten ihn todt an ihr Schiff.

Den 2 Julij war trüber Sonnenschein den Tag und die Nacht / ziemlich warm dabey.

Umb Mitternacht waren wir auff der Jacht/ und fiengen den 5 Fisch/ der ein Männlein war/ das Speck schnitten wir davon/ und wurffen es in das Flentzgatt / das ist der Platz im Schiffe vor dem mittelsten Mast/ da man die Fässer hinein thut unter die grosse Porte oder Lucke / wie sie es nennen / das geschicht darumb/ weil sie viel auf den Jachten sein/ so säumen sie nicht sondern schneiden grosse stücke von Walfischen / daß sie davon kommen / denn es schadet dem Specke nichtes/ daß es etliche Tage also beliegen bleibet / etliche halten es auch vor gut/ es kan aber nicht seyn / weil die Feiste davon rinnet / wann es lange auf-einander lieget.

Den 3 Julij war es trüber Sonnenschein den gantzen Tag und Nacht/ nicht kalt dabey.

Den 4 Sonnenschein den gantzen Tag und Nacht.

Wir jagten immer hinter Walfischen her / und die Nacht bekamen wir den sechsten Fisch/ ein Männlein/ von 45 Kardelen Speck.

Den 3 und 4 Julij haben wir mehr Walfische gesehen / als die gantze Reise.

Den 5 Julij Vormittags war es schön Sonnenschein / ziemlich warm dabey/ deß Nachmittages Nebel/ Abends wieder Sonnenschein/ und folget die gantze Nacht Sonnenschein.

Wir hatten den gantzen Tag Jacht / und schossen deß Morgens einen Walfisch vor dem Weihegatt / dieser Fisch lief rings umb unter Wasser/ und das Strick oder Line/ daran die Harpune feste war/ kam umb eine Klippe und verwirrete/ die Harpune riß auß/ und der Fisch entlief uns/ dieser Walfisch blies das Wasser gantz hart/ daß man ihn mehr als auf ein Meil hörete.

Desselben Mittages bey Südlichem Sonnenschein bekamen wir den siebenden Fisch/ ein Weiblein/ von 45 Kardelen Speck/ den schnitten wir auch in das Flenßgatt / siegelten damit von dem Weihegat/ ein wenig umb die West/ vor den Muschelhafen oder Bay/ uñ liessen das Ancker fallen/ unser Arbeit war mit der Zerschneidung der grossen stücke Specks in kleine stücken / damit die Kardelen zu füllen: Mittlerweile lief der Wind West/ Nord west/ das eine Ancker ward vom Schiffe fortgerissen/ liessen also das ander Ancker fallen/ und wolten dies ander Ancker wieder aufwinden /das Strick aber zerbrach/ weil das Ancker unter einer Klippen feste hielt.

B ij

Den

Spitsbergische Reise/

Den 6 eben so/die Nacht war warm Sonnenschein.

Bey uns lag ein Holländer/ die Schiffleute schnitten das Speck von einem Walfische / und der Fisch borste/ das gab einen so harten Schlag als ein Kanonschuß / und besprützte die Arbeiter sehr heßlich/ daß lächerlich anzusehen war.

Den 7 war es windig den gantzen Tag.

Den 8 stürmete es/ der Wind lief Nord-west / Schnee und Regen dabey. Das eine Ancker musten wir stehen lassen / und danckten GOtt/ daß wir von dem Lande abkamen/ weil das Eiß hart zutreiben kam.

Die Nacht legte sich der Wind/ es war kälter mit Sonnenschein.

Den 9 war es windig den gantzen Tag.

Deß Abends bey Nordwestem Sonnenschein fiengen wir vor dem Weihegat einen Walfisch Männlein der war unten am Kopff gelb/ den achten Fisch/ von 54 Kardelen Speck.

Die Nacht Sonnenschein.

Den 10 warm Sonnenschein den gantzen Tag / die Nacht gewolckich Sonnenschein nach Mitternacht neblicher/ den Wind konte man kaum mercken wo er herkam.

Den 11 war Sturm/ Schnee und Regen / der Wind Süden/ die Nacht Sonnenschein.

Den 12 trüber Sonnenschein den gantzen Tag.

Deß Abends siegelten wir mit 3 Slupen im Eise vor dem Weihegat und fiengen 3 weisse Beren / eine Alte mit 2 Jungen/ welche wie Fische im Wasser schwummen.

Auf dem Eise lagen viel Walrosse / und je ferner wir in das Eiß kamen/ versamleten sie sich je länger je mehr / wir riemeten nahe zu ihnen / und tödten 10 davon / die andern kamen umb den Slupen her/ und schlugen Löcher durch die Slupes-Bretter/ daß viel Wasser darinn ran / wir musten ihnen umb der Menge weichen/ weil sie je länger je mehr sich versammleten/ sie folgeten uns so lange als wir sie sehen konten.

Darnach kamen wir noch bey einem grossen Walroß/ der lag im Wasser und schlief/ als er aber die Harpune in der Haut gewähr ward/ erschrack er/ und lief mit der Slupen schnelle vor sich wie ein Walfisch/ er kehrete bald wieder vor die Slupes-Stafen/ da ihm der Schlaf benommen ward.

Wir setzten auch hinter einem Walfisch her und bekamen denselben nicht: Es wurden auch wenig Walfische mehr gesehen/ und die man noch sahe waren gantz wild / daß man sie nicht bekommen konte/ die meisten waren schon von dannen gewichen.

Die

1. Cap.　　　Erften Theils/ von der Hinreise.

Die Nacht war es also finster von Nebel/ daß wir kaum Schiffes Länge sehen konten/ wir hätten Walroſſe genug bekommen können/ beförchten uns aber das Schiff zu verlieren/weil man Beweiß hat/ daß einige die Schiffe verlohren/ und nicht wieder zu denselbigen gelangen können/ ſondern haben muſſen gehen in andere Schiffe.

Wann man auff ſolche Art die Schiffe nicht ſiehet/ löſet man zum Zeichen ein Canon/oder man blaſt auff Trompeten oder Schalmeyen/ was ein ieder in ſeinem Schiffe hat/daß die/ſo verirret an ihr Schiff wieder kommen.

Den 13 war trüber Sonnenſchein den Abend lief der Wind Oſt Nord-Oſt. Das Eiß kam hart antreiben. Wir ſiegelten von dem Süd-Oſter-Land/ umb die Weſt/ und wir konten eben bey der Nordſeite von dem Beren-Hafen oder Bay durchkommen. Wir ſiegelten weiter biß an das Rehenfelt/daſelbſt hatte ſchon das Eiß das Land beſetzet/ daß wir kaum durchkommen konten/ wir ſiegelten noch ferner biß an den Vogelſanck/iſt in Tab.D. gezeichnet mit b. Darauf wendten wir gegen Oſten/ mit einem Nord-Oſt-Wind/ und mit uns 12 Schiffe zuſehen/ ob noch Fiſche verhanden waren/ mit Jürgen und Cornelius Mangelſen/ und Michel Appel der ſiegelte auf 4 Fadem tieff/und kam bey ein gebliebenen Schiff. (Wrack wird es ſonſt genennet)

Den 14 des Morgens ſiegelten wir noch im Eiſe/der Wind war Oſt Nord-Oſt/den gantzen Tag Nebel/die Sonne ſchien trübe/mit einem Regenbogen von zweyen Farben weiß und bleich-gelb/kalt den gantzen Tag/ die Sonne ſiehet man nun auch viel niedriger.

Den 15 war es windig kalt und neblicht den gantzen Tag/ der Wind lief Nord-Weſt/das Eiß kam hart treibe/daß wir kaum ſiegeln konten/weil es allenthalben voll kleiner Eißſchollen lag. Dieſe Zeit wurden viel Schiffe in den Beren-Hafen und Muſchel-Bay vom Eiſe beſetzet. Wir ſiegelten nahe beym Lande/und des Nachtes ſiegelten wir in den Südhafen/ (Tafel D gezeichnet mit C) und lagen vor Ancker 28 Schiffe/ 8 davon waren Hamburger/ die andern wären Holländer.

Von der Zeit an/als wir aus den ſüdlichen Hafen ſiegelten/ behielten wir immer das Land im Geſichte/wann es nicht neblicht war.

Und alſo lange warten die Schiffer in der See/ beym Eiſe/zuſehen/ ob noch Fiſche verhanden ſeynd.

Und dieſe Nacht holeten wir Waſſer vom Lande/ bey der Harlinger Kocherey/welches ſich geſamblet hatte in eine Höle. Tab.C gezeichnet mit b.

Den 16 deß Morgens ſahen wir den Mond/ folget darauf Wind und Schnee die Menge.

B iij　　　　　　　　　Den

Spitsbergische Reise/

Den 17 deß Vormittages war trüber Sonnenschein/hernach Schnee und Regen mit leidlicher Kälte/ der Wind West.

Den 18 schön Wetter/ Sonnenschein mit stille / daß wir nicht sieglen konten/riemeten also mit einer Schlupen in dem Dänischen Hafen/und sammleten Kräuter von den Klippen.

In den Südhafen lagen 30 Schiffe vor Ancker.

Den 19 den Tag warm Sonnenschein / schön Wetter/die Nacht Sturm und Regen.

Den 20 sturmig Regen und grosser Schnee/der Wind Süd-west.

Den 21 Regen dem gantzen Tag.

Die Ruckreise/
Von Spitsbergen biß auf die Elbe.

Das ander Capitel.

Den 22 Julij deß Morgens als die Sonne Nord-Ost war/huben wir das Ancker auf/ und siegelten auß dem Südhafen.

Es war neblich den gantzen Tag/die Nacht Sonnenschein.

Deß Nachts sahen wir viel Finnen-Fische.

Den 23 war es warm Sonnenschein/den Tag und Nacht mit Stille.

Den 24 warm und Sonnenschein den gantzen Tag und Nacht/daß auch deß Schiffes Schmier (Tähr genandt) schmeltzte.

Wir trieben in stille vor den Magdalenen Hafen oder Bay.

Den 25 war es gewolckich/ Sonnenschein/ kalt dabey/deß Abends waren wir bey dem Fohrlande/ die Nacht Nebel/der Wind Süd-west

Den 26 trüber Sonnenschein Tag und Nacht kalt dabey / die Sonne war deß Nachtes gantz niedrig.

Den 27 war der Wind Süd-west / trüber Sonnenschein den Tag und Nacht.

Den 28 wendeten wir von der Seite deß Nord-Fohrlandes gegen Westen/da die Sonne Ost Süd-Ost war : und siegelten West Süd-west der See zu : und wendeten gegen Süden/und siegelten Süd-Ost.

Den 29/ 30/ und 31 siegelten wir Süd Süd-Ost längst dem Lande/ das Südende / von Fohrlande hatten wir von uns nach Ost zum Norden 8. Meil. Ferner siegelten wir Süd Süd-west/kalt mit Nordwesten Wind.

Finnenfische siehet man täglich/ der Walfische aber keinen mehr.

Den 30 war Nebel und Wind/der Wind Nord Nordwest.

Den

2.Cap.   **Ersten Theils/von der Ruckreise.**   15

Den 31 war es windig und Nebel den gantzen Tag / der Wind Nord Nordwest.

Den 1 Augstmonat war es sturmwindig / Nebel und Regen dabey/ der Wind Nord Nordwest.

Den 2 Augusti Nebel deß Vormittages/hernach den gantzen Tag trüber Sonnenschein mit leidlicher Kälte/ der Wind Ost.

Die Sonne war deß Nachtes dem Wasser gleich.

Den 3 war es trüber Sonnenschein/kalt dabey/der Wind Nord-Ost.

Den 4 noch neblicher / deß Vormittages sahen wir einen Regenbogen/ der Wind Süd Süd-Ost mit stille.

Die Sonne gieng deß Nachts unter/ und man sahe die Sternen.

Den 5 war der Wind Süd Süd-Ost / dunckel dabey mit stille.

Den 6 eben also mit Süd Süd-Osten Winde.

Den 7 fieng der Wind hart an zu wehen / bald darauf stürmete er mit Regen den gantzen Tag.

Den 8 war es windig / trüber Sonnenschein den gantzen Tag/die Nacht Sternklar/der Wind Süd-Ost.

Den 9 windig den gantzen Tag / deß Vormittags trüber Sonnenschein/ Mittages klar Sonnenschein/ der Wind Süd-Ost.

Des Mittages nahmen wir die Höhe an der Sonnen / und waren auff 66 Grad 47 Minuten.

Wir siegelten Süden zum Westen bey den Norden-Wall oder Lande hin.

Den 10 war es dunckel/gewölckich/windig dabey / der Wind Süd Süd-West.

Die Lufft siehet man viel schöner mit dicken Wolcken überzogen / und die Wärme befinden wir täglich je länger je mehr.

Den 11 war es dunckel gewölckich/nicht also windig dabey.

Den 12 fiel des Morgens Regen/der Wind war Süd-West/ des Mittages warm Sonnenschein der Wind Norden.

Den 13 des Sontags Morgens war der Wind Nord-West / stürmig und Regen mit Westen Wind.   Die Nacht hell Mondenschein und Sternklar.

Des Morgens sahen wir das Nordende von Hitland / und siegelten Süden/nach dem Regen sahen wir Fair Jl/wir siegelten zwischen Hitland und Fair-Jl/erstlich Süd-West/und darnach Süd Süd-West/und Süden.

Den 14 war schöner Sonnenschein den gantzen Tag/der Wind Nordwest.

Den 15 windich/gewölckich Sonnenschein/der Wind Nord Nordwest.

Des

Deß Abends wurffen wir das Lott oder Bley auff 36 Fadem tieff/ sie machen es bey dem Bleywerffen also/ein Mann gehet forne auff die Gallion/ oder den Schnabel des Schiffes/ein ander auff die Backe/ auff den födersten obern Söller/der dritte in die Mitte des Schiffes/und so viel ihr seynd/ biß hinten zu; ein ieder hat ein Faden 4 oder 5 auffgewickeltes Fade in der Hand/und der erste im Gallion/ wirfft das Bley in die See/ wenn der ander mercket daß das Bley ziehet/ läst er den Faden fahren/ und so fort an/ biß zu dem letzten Mann/ dann ziehen sie den Fadem wieder ein mit Gewalt/ und besehen unten das Bley/ wo ein Loch in ist/ so mit unschlit außgefüllet/ daran sehen sie ob es Sand oder ander Grund ist.

Den 16 war es windig trüber Sonnenschein den gantzen Tag/ der Wind Nord Nordwest.

Den 17 war es schön Wetter/ warm Sonnenschein den gantzen Tag/ der Wind Nordwest/die Nacht lief der Wind Süd-Ost.

Den 18 schön Wetter/warm Sonnenschein/ein wenig windig/ dabey.

Den 19 schön Wetter/warm Sonnenschein/den gantzen Tag mit stille.

Den 20 war es schön Wetter/warm Sonnenschein/ ein wenig windig dabey.

Als es begunte zu tagen/ sahen wir Hilgeland/ Süden zum Osten von uns/wir siegelten Süd-Ost; Deß Tages kamen wir bey Hilgeland/ und nahmen einen Piloten oder Lohtsmann ein/ das ist ein Mann/ der die Tieffe deß Strohms wolkündig / und dazu besonderlich vom Raht zu Hamburg erwehlet ist.

Den 31 war es schön Wetter / warm Sonnenschein den gantzen Tag/ wir siegelten vor der Elbe/ und lagen vor Anker bey der ersten Tonnen/ (die rothe Tonne genandt) deß Nachmittages huben wir das Anker auf/ und siegelten biß Kucks Hafen/ die Nacht Donner und Blitz/regnicht dabey.

Ende deß Ersten Theils.

Spitsbergischer Reise
Andern Theils/
Welches Spitsbergens Beschreibung begreiffet.

1. Capittel.
Von Spitsbergens äussersten Theilen.

Er unterste Theil dieser Länder/ so von den Spitzbergen/ Spitsbergen genennet wird/ lieget auf 76 Grad/ Minuten. Wir seynd gekommen auf 81. Grad/ nicht ferner seynd dieses Jahr Schiffe gewesen/ wie ferne aber das Land sich strecket nach Norden/ ist noch zur Zeit unbekandt.

Es scheinet wol also/ weil das Eiß hier feste stehet/ und es einander nicht weicht/ wie das ander in dem Meer/ daß nicht gar ferne dahinden Land seyn muß.

Wie die meisten hohen Länder mit Bergen/ wie eine Festung mit Mauren oder Wallen gestärket: Also seynd diese Länder von Natur mit hohen Bergen umbgeben.

Innerliche Beschaffenheit deß Landes wissen wir nicht/ es scheinet also/ weil ein Berg hinter dem andern gesehen wird/ daß meist durchgehends also beschaffen seyn muß.

Bey den Muschelhafen oder Muschelbay finden wir ebener Land/ und je ferner wir Osten siegelten/ folgete immer niedriger Land/ doch alles steinig mit kleinern Bergen gezieret/ es hat gantz kein Ansehen/ daß es von Menschen könne bewohnet werden.

Ich halte auch daß immer niedriger Land folgen muß/ sonsten würde man das Land höher sehen können/ wie die andern Berge.

Die Thiere/ welche sich an den äussersten Theilen deß Landes halten/ halte ich/ daß sie auf das Vor-Jahr/ weil das Eiß feste stehet/ darüber in diese Länder laufen/ auch nach der Zeit wiederumb von dannen ziehen / wann die langen Nächte einfallen.

C   Was

Spitsbergische Beschreibung/

Was die Vögel anbelanget/ haben wir zum theil rechten Bericht/ ihre Wohn= und Nahrung seynd bekandt/ wie bey den Vogeln soll gemeldet werden.

Wie wir den 18 Junij Sontag Vormittages kamen bey Spitsbergen/ erstlich bey dem Vorlande.

Der Fuß dieser Berge war anzusehen wie Feuer/ und die Spitzen der Berge waren mit Nebel bedecket/ der gemarmelte Schnee/ war wie die Aste oder Telgen an den Bäumen anzusehen/ und gaben einen Schein oder hellen Glantz an der Luft/ als ob die Sonne scheinete.

Wann die Berge wie vor gemeldet also feurig scheinen/ pfleget harter Wind darauf zu folgen.

Diese Länder werden Winterszeit vom Eise besetzet/ nach Art der Winde/ als Ost von Nova Zemla/ Nordwest und West von Groenland und Johan Mayen Eiland/ geschicht auch/ daß das Land Sommerszeit von dem Eise besetzet wird/ wie es gesehen wird von denen/ so jährlich dieser örter reisen.

Wann aber das Eiß hart zutreiben kompt/ siegeln die Schiffe in die Hafen/ Bayen oder Resier/ wie man sie nennet/ die in das Land lauffen/ der Wind empfanget einen etwas unfreundlich/ so man darein siegelt/ und brauset über die dürren Berge mit vielen kleinen Wirbeln.

Das Wasser in den Resieren ist See=Wasser.

Frische Ströhme oder Resier finden wir hier nicht/ auch habe ich hier keine Springbrunnen gesehen.

Wo etliche Resier sich enden/ ist bekandt/ andere können nicht zum Ende außgeforschet werden/ wegen Eises Gefahr/ so nimmer darauß treibet/ etliche wegen der blinden Steinklippen unter dem Wasser/ welche also erkennet werden/ wo die See hefftig ob sprutzet/ (welches von den Seefahrenden Brannen genennet wird) oder viel weisser Schaum gesehen wird.

Die Namen der Hafen findet man ordentlich nacheinander in der Land=Tafel Spitsbergen/ so ferne wir gewesen seynd.

Diese Hafen halten sie für die sichersten/ der behaltene Hafen/ die Süd und Nord=Bay/ welche die bekantesten in Spitsbergen seynd.

Die andern Hafen/ wie sie auch mögen genennet werden/ siegelt man gerne vorbey/ weil sie an das Meer grentzen.

Andere wegen das stehende Eiß darinnen/ und der blinden Steinklippen.

In den Süd= und Nordlichen Hafen (oder Bay) liegen gemeiniglich die meisten Schiffe/ ich zehlete mannichmal 10.20. biß 30. Schiffe/ welche vor Anker lagen. Tab. C. und D. gezeichnet mit c, d,

Was

Was die Vögel anbelanget/werden viel mehr beym Lande als im Eise gesehen/ vornemlich wann sie die Eyer außbrüten/ man siehet auch nicht/ daß sie von frembden Sachen ihre Nester machen/ auch sammlen sie nicht zu den Nestern von Nord Wegen/ Schottland und dergleichen/ der Samen von den Kräutern konte in Spitsbergen aufgehen/ sondern von Natur seynd diese Kräuter als Gaben diesem Lande mitgetheilet/ zu denen Kranckheiten und Gebrechen/ so hier gemeiniglich vorfallen.

Man siehet bey Spitsbergen sehr viel Wallrosse auf den niedrigen Insulen/ und auf dem Eise/ man siehet aber wenig Seehunde auf dem Eise bey Spitsbergen.

Das Land wie gedacht ist steinig/ und durchgehends seynd es hohe Berge oder Steinklippen.

Unten am Fusse der Berge stehen die Eißberge sehr hoch/ und enden sich an den Spitzen der Berge/ nach Art der Steinklippen/ wie die gespalten oder löcherict seynd/ also seynd sie mit Schnee außgefüllet/ weßwegen denn diese Berge denen die es nicht gesehen gantz wunderlich fürkompt/ als dürre Bäume mit vielen Aesten/ wann aber Schnee darauf fällt/ bekommen diese Schneebäume Blätter/ welche bald schmeltzen und wieder ander gewinnen/ so zierlich zu sehen. Tab. C. gezeichnet mit c. Tab. D. gezeichnet mit e.

Es werden sieben grosse Eißberge in einer Reige am Lande gesehen/ und liegen zwischen den hohen Steinklippen/ welche schön blau von Farben seynd wie das ander Eiß/ mit vielen Ritzen und Löchern/ werden von dem herunter lauffenden Regen= und Schneewasser also löcherict/ zerschmeltzt/ sie werden auch von dem sprützenden Schnee also außgearbeitet/ wie das ander Eiß das hin und her im Meer treibet/ sie nehmen jährlich zu an der Grösse von dem geschmeltzten Schnee von den Klippen/ und von dem Regen der darauf fällt. Tab. C. gezeichnet mit d.

Diese sieben Eißberge hält man vor die höhesten am Lande/ sie scheinen sehr hoch/ als wir sie vorbey siegelten/ unten war der Schnee finster von Schatten der Wolken/ zierlich mit blauen Ritzen/ vornen an den abgebrochnen Eißberg.

An der Mitte deß Berges schwebeten Nebel=Wolken/ höher als die untersten Nebel=Wolken war der Schnee gantz liecht.

Die rechten Steinklippen schienen feurig/ und die Sonne schien bleich daran/ an der Luft gab der Schnee einen hellen Widerschein.

Ferner waren diese Berge mit Wolken bedecket/ daß man die Spitzen nicht sehen konte.

Die Steinklippen zum theil sind ein Stein/vom grunde biß oben aus/wie ein alte verfallene Mauer anzusehen/und haben an sich einen süssen Geruch/ wie hier zu Lande wan auff das Vorjahr die Erde grünet/ und ein frischer Regen darauff fällt. Tab. C. gezeichnet mit e.

Die Steine durchgehends seint Aderich auff allerhand Art/wie ein Marmor/Roth/ Weiß auch Gelb/und bey Veränderung des Gewitters nätzen sie und davon wird der Schnee gefärbet / auch wenn es viel regnet/ laufft das Wasser bey den Steinen herab/ davon der Schnee Roth gefärbet wird.

Unten am Fusse der Berge/wo keine Eißberge stehen/liegen an deren statt grosse Felssen loß auff einander / wie sie auff einander gefallen sind / mit Hölen und Löchern/ daß übel darauff zugehen ist/ grosse und kleine Steine liegen durch einander/von Farben sind diese Steine Grau/ grau mit schwartzen Adern / die schimmern wie Silber Sand/ oder glantzen wie das Ertz aus den Bergwercken/ die meisten Felssen am untersten Fusse der Berge gleichen sich den Felssen wie sie hier gesehen werden auff den Gassen/auff den Felssen wächst allerhand Kraut/ Graß und Muß/in grosser Menge / und wachsen in den zweyen Monathen Junio und Julio/ vom Anfang biß sie Samen tragen.   Tab. C. gezeichnet mit f.

Die Kräuter wachsen am meisten / bey den abfallenden Wasser von den Bergen (auch wo sie vor dem Nord und Ostenwind beschützet) davon allezeit etwas Staub oder Muß mit herab fällt / welches nach langer Zeit zu rechter Erden wird/ (welche Erde eher ein Mist als eine rechte Erde ist) und die Vögel geben den Mist dazu.

Diese Berge scheinen/ als ob sie oben von Erden seynd umb die Höhe/so man auf sie klettert. seynd so wol oben als unten grosse Felsen/ auch sehen wir es/ wann grosse Stücke von ihnen herab fallen / wenn Steine von diesen Bergen hernieder geworffen werden / lautet es als ob es donnert mit Widerschallen/ wie es krachet in den Thälern/ wann grosse Stücke von den Bergen geworffen werden.

Die Berge seynd voll Ritzen / darinn nisten etliche Vogel/ und brüten Junge auß/ sie fliegen allesampt von den Bergen / und suchen ihre Nahrung im Wasser/etliche essen das Aaß von todten Fischen/etliche die kleinen Fische und Garnellen/ wie bey den Vogeln soll gemeldet werden.

Weisse Bären/ Rehen und Füchse werden auf dem Lande gesehen / der Bär ernehret sich von der Krenge oder Walfisches Aaß und todte Menschen/ der Fuchs raubet die Vogel sampt den Eyern / und die Hirsche essen die Kräuter.

Di

1. Cap.   Andern Theils/ vom Land.

Die Höhe dieser Berge kan man dabey abnehmen/wann der Himmel nicht gantz klar/ stehen die Berge auff die Helffte in den Wolcken/ etliche davon seynd anzusehen als wann sie alle Augenblick uber ein Hauffen fallen wollen. Tafel D gezeichnet mit t.

Daß die niedrigsten Berge nicht hoch scheinen/machet/ daß ihres gleichen viel höher sind/ und alles groß gesehen wird/ ein Schiff mit Mast und Stenge ist gegen die Berge zu achten als ein Hauß gegen einen hohen Thurm/ die Meilen scheinen auch gar nahe/wann sie aber auff dem Lande sollen gewandert werden/ findet sichs viel anders/ und man ermüdet gar balde/ auch wegen schärffe der Felsen und ungebanten Wegen/wird einen bald eine Hitze außgejaget/ wann es noch so kalt ist/ ein paar neue Schue halten hier nicht lange.

Wir gingen des Nachtes bey hellem Sonnenschein/ an der Stein-Klippen bey dem Englischen Hafen einer Meilen lang/und sahen nach dem Walfisch der uns entkommen war/ in der mitten dieses Hafens riemeten andere mit den Slupen/die waren kaum zu erkennen/von einem Berge fiel ein grosser Theil herunter/daß hart lautete/die Berge waren anzusehen schwartz von Farben mit weissen Adrigten Schnee gezieret/es war also stille/daß kaum Wind zu erkennen/ es war wenig kalt dabey/am Lande lag es voller Wall-Rosse/die brülleten/ wie von ferne Brüllen der Ochsen gehöret wird.

Auff dem Lande gehet man also/man nimbt mit sich auff die Reise ein oder zwo Bücksen/und Spiesse/ den Räubern oder Bären damit zu begegnen/ man wird aber des Reisens balde müde/ wie gedacht/ wegen der Steine und hol Eiß/ darauff gantz übel zu gehen.

Daß ich der Berge gedencke/so viel ich der gesehen/ liegen folgender Gestalt/ und die höhesten vom Vor-Lande biß an den Muschel-Hafen (oder Muschel-Bay) nach dem Vorlande folgen die sieben Eißberge/ seynd sehr hohe Berge/ und werden also genennet von den Eißbergen die zwischen den Stein-Klippen liegen/diese Stein-Klippen seynd oben nicht also scharff mit Spitzen wie die zwey fodersten Klippen an den Magdalenen Hafen/ darnach folget der Hamburger/Magdalenen/ Englisch-und Dänischer Hafen (oder Bay) ferner der Süd-Hafen. An den Magdalenen Hafen liegen die Stein-Klippen in die Runde wie ein halber Zirckel/ an beyde Seite neben einander stehen zwey hohe Berge/die seynd in der Mitte hol/als wenn sie außgraben seynd/nach Art als ein Brust-Wehr/oben mit vielen Spitzen und Ritzen nach Art als Tächer an Häusern/unten inwendig des Berges/stehet ein Eißberg / reichet biß zur Spitzen deß Berges/wie ein Baum mit vielen Asten anzusehen/die andern Klippen seynd anzusehen als Todten-Gräber.

C iij   In

Spitsbergische Beschreibung/

Jn den südlichen Hafen (oder Süd-Bay) liegen die Schiffe vor Ancker zwischen hohen Bergen/ so man darein siegelt/ lieget zu der lincken ein Berg Bienenkorb/ welcher also genennet wird (Tab. C gezeichnet mit g. Tab. D gezeichnet g) weil er außsiehet als einen Bienenkorb/ daran lieget ein grosser und hoher Berg/ den nennen sie Teufels-Huck/ dieser Berg ist gemeiniglich mit Nebel bedecket/ der Nebel/ wann der Wind darnach ziehet über diesen Berg und beinstert den Hafen als ob es davon rauchet/ auff dem Berge stehen 3. weisse Hügel vom Schnee weiß bedecket/ Tab. C. gezeichnet mit h. Tab. D. gezeichnet mit h. 2. Hügel davon stehen nahe aneinander/ in der Mitte dieses Hafens lieget eine Jnsel/ Tab. C. gezeichnet mit 1. die wird das Todte Mannes Eyland genennet/ weil man die Todten darauff begrabet/ auff solche weise/ die Todten werden in ein Sarch geleget/ mit grossen Steinen wohl bedecket/ werden dannoch von den Weissen Bären gefunden und auffgefressen.

Jch habe nicht andere Erde als grosse Steine bey Spitzbergen gesehen/ darumb die Kälte in solche Erde nicht tieff eindringen kan/ mich wunderte das der Schnee damahls so viel zerschmeltzet worden/ in den Hölen zwischen den grossen Steinen war kein Schnee mehr zusehen/ Da es doch tieffe Löcher waren/ es wird vielleicht auff das Vorjahr viel Regen gefallen seyn mit leidlicher Kälte/ sonst hetten wir mehr Schnee da gesehen.

Andere kleine Jnsulen mehr/ die eben nicht genennet seind/ ins gemein werden sie doch Vogel-Eylanden genennet/ weil man darauff der Berg-Enten und Kirmewen Eyer samblet/ solche Jnsulen liegen hin und wieder in den Hafen.

Darnach kompt man bey Schmerenborg/ hat den Nahmen in der That/ da stehen noch Häuser von den Holländern erbauet/ wo sie vor diesem Trahn gebrennet/ hier haben etliche Holländer versucht einen Winter über zu bleiben/ es ist aber keiner lebendig blieben. Tab. C gezeichnet mit k.

Es ist auch zu mercken/ daß kein todter Cörper da leicht verwese/ dann man hat befunden/ daß nach 10 Jahren einer in vollenkommener Gestalt da gelegen ist/ denn man hat können auf dem Creutz so auf das Grab gesetzt sehen/ wenn er entschlaffen ist/ wie ich vernommen.

Die Häuser werden nun von Jahren zu Jahren verderbet und verbrant.

Dieses Jahr stunden noch unterschiedene Häuser/ ob es ein Dorff war/ wovon etliche wurden verbrandt.

Gegen Schmerenborg über/ stehen auch noch etliche Häuser/ und noch eine Pfanne/ diesen Ort nennen sie die Harlinger Kocherey/ das Jahr stunden noch vier/ zwey Pakhäuser/ in den andern drey haben sie inn gewohnet/ die Häuser seynd folgender Gestalt gebauet/ nicht gar groß/ mit einer Stuben und

Boden/

Boden / hinter ist das Hauß / so breit es ist / mit einer Kammer versehen. Die Pakhäuser seynd etwas grösser / darinn liegen noch viel Fässer oder Kardelen / die gantz zersprungen seynd / das Eiß lieget noch in der rechten Runde wie die Fässer seynd gewesen / Amboß / Schmiedzange / und ander Werckzeug so zur Brennerey gehörig / war im Eise befroren / die Pfanne stund noch recht wie sie gemauret war / und die höltzerne Tröge dabey / von da kan man bey den **Englischen Hafen** hingehen / an der andern Seite ist eine Begräbnüß / da die Todten begraben werden / da ist es etwas zertretten / als ob es Erde war / es ist aber mit Fleiß etwas eben gemacht. Hinter diesen Häusern stehen hohe Berge / so man auf sie steiget / wie an den andern / und man die Fußtritt oder Steine nicht mit Kreiden gemercket weiß man nicht wo man wieder herunter kommen soll / dann das Hinauffsteigen läst sich ansehen daß mans thun kan / wieder hernieder zu steigen ist sehr gefährlich / daß mancher auch zu todte fällt.

Dieses Refier wird der Südliche Hafen (oder Bay) genennet / und wann die Schiffe Schaden leiden in der See / so bessern sie hier die Schiffe wieder.

Vornen in den Süd-Hafen zwischen den Bergen im Thal sammlet sich viel frisch Wasser / von Schnee und Regen / an den üfer stehen viel alte Kardelen oder Fässer / von diesem Wasser fülleten wir die Fässer / und brauchten es zu den Speisen / sonst wird es gesammlet in den Ritzen der Eißberge am Lande / rechte Quellen auß der Erden / oder Springbrunnen habe ich in Spitsbergen nicht gesehen.

Der Strand dabey ist nicht sonderlich hoch / und das Wasser darzwischen ist ziemlich tieff / war aber gantz kein Eiß darinn / darauß ich schliesse / daß kein harter Winter gewesen / unmüglich wäre es sonsten / daß in so kurtzer Zeit alles Eiß geschmoltzen / nicht allein hier / sondern auch in dem Englischen Hafen / (oder Bay) da das Eiß noch feste stund / und kaum einen halben Fadem tief unter Wasser lag.

Es schmeltzt wol das Eiß viel eher in saltzigem Wasser als in frischen Refieren / unmüglich aber / daß so dick Eiß in so kurtzer Zeit schmeltzen kan.

Man sahe auch an den hohen Steinklippen / daß der Schnee von oben schmeltzte / da es doch viel kälter als unten war / dennoch zugleich schmeltzte.

Nicht auf solche Art wie ich nach der Zeit in Spanien gesehen im Jahr 1672. im Monat Decemb. mit Nord-West-Winden / unten fiel Regen / biß auf ¼ Meil / ferner waren die Berg weiß beschneyet / in einer gleichen Reige / einer nicht höher als der ander / als obs mit einer gleichen Schnur gemessen war.

In

Spitsbergische Beschreibung/

In den Nordlichen Hafen oder Bay lieget ein grosser Berg / der ist oben flach / dieses Eiland wird Vogelsang von den Vogeln genennet / wegen Menge die sich hier aufhalten / daß/ so sie auffliegen/schreyen sie/daß kaum davor zu hören. Tab.D. gezeichnet mit b.

Darnach folgen ander Eiländer mehr / die in der Land-Tafel genennet werden/als die gespalten Klippe und dergleichen. Tab.D. gezeichnet mit i.

Das Rehenfelt ist niedrig Land / und wird darumb also genennet/weil sich da gemeiniglich viel Hirsche aufhalten.

Ich habe vernommen/daß es eitel Schiffelstein seyn/die stehen in die Kante/darauf schwer zu gehen ist/es ist alles mit Most bewachsen/und stehet ein Berg darauf/ der scheinet roth wie Feuer.

Hinter dem Rehenfelte stehen wieder hohe Berge/ die seynd nicht gantz spitz oben / liegen allesampt wie es scheinet in einer Reige / bey dem Rehenfelt gehet ein Refier in das Land / und wird die halbe Monde-Bay genennet/weil sie/also krumm lieget/an der einen Seite dieses Refiers lieget ein Berg der war oben flach/mit vielen Ritzen voll weissen Schnees.

Darnach folget die Lief de Bay/die 2. Berge neben einander gleichen sich den Spitzbergen an der Magdalenen Bay/und diese 2. Hafen sind nicht viel von einander zu erkennen.

Darnach folget immer niedriger Land hinter den Muschel-Hafen / es wuchs Graß daselbst das es unser Enckel bedeckte/ so ferne man kommen kan.

Hernach daß Weyhegat/ oder die Straht von Hindelopen/das Weyhegat wird also genennet von den Winden / weil ein harter Süden-Wind daraus wehet. Der Beren Hafen am Lande seind Rothe Steine.

Jenseits des Weyhegats folget daß Süd-Osten-Land / ist auch Flach oder Niedrig Land/es scheinet das es mit kleinen Bergen gezieret ist.

Darnach folgen die Sieben Eylanden/die wir sehen konten.

Wir sahen keine Schiffe weiter/vernahmen auch nicht daß Schiffe ferner gewesen sind/alle Jahr können sie auch nicht also ferne gegen Ost Siegeln wegen der Gefahr des Eises/so von dem Strom und Winde hergetrieben wird.

Im May und Brachmonat ist die beste Fischerey im Eise zwischen Johan Meyen Eyland und Spitsbergen.

Im July und Augstmonat läufft der Wallfisch gegen Osten bey Spitsbergen/wir sahen auff daß letzte viel Wallfische die nach dem Weyhegat lieffen/ ob dieser Weyhegats Hafen durch das Land gehet/ ist noch unbekant / dieses ist aber nicht das Weyhegat davon so viel geschrieben ist.

Mehr ist von diesem Lande mir nicht bekant/ Steine und Eißberge finden wir die Menge/ was darauff lebet und schwebet / soll hernacher beschrieben werden.

Das Ander Capittel.
Von dem Meer.

Jē Wellen erheben sich Erstlich von einem kleinen Windstrich oder Atem/ wie man in stille auff den Wassern sehen kan/ endlich von dem Bewegen erheben sich je länger je grösser Wellen.

Es erhebet sich die See nicht alsobald im Anfang harter Winde/ sondern ziehen gemach und langsam/ biß sie eine grösse wie Berge gewinnet/ alsdan breitet sie sich hinten von einander in die Runde und Tieffe mit grosser geschwindigkeit zertheilet sich zierlich von einander/ und fällt rund über mit viel sprützen und schäumen. Tab. D. gezeichnet k.

Dan holet die See von hinten dieselbe wieder nach sich/ mit vielen krausen und schäunichten Wirbeln zierlich von Adrigen Schaum / wie ein Marmor anzusehen.

Diese Seeblume erhebet sich wieder wie vorgemeldet/ und sprützet wieder auff selbige Art.

Also erhebet sich die See allezeit von neuen / und streichen lange vor sich/ und wegen der Wellen kurtze/ sprützen sie gerne über die Schiffe/ sie ziehen aber viel geschwinder als ein Schiff siegeln kan.

Auff den grossen Wellen im Sturm toben kleinere Wellen / und noch kleinere wie ein Wind auff stillem Meer daher streichet.

Für diesen Wellen weichen die Schiffe nicht / nur für die grossen Wellen die man Seebergen nennet/ wie die sich Tummelen also bewegen sich auch die Schiffe/ und haben dannoch allezeit einen richtigen Weg/ auff solchen ungebahnten Wellen/ das Menschen darauff können gehalten werden.

Im harten Sturm staubet die See/ und ist anzusehen/ als wie der Schnee der auff dem Eise vom Winde gestaubet wird / und von ferne an der Lufft wie der Sand staubet/ die See siehet man überall/ als ein krauß Eiß das in wehrendem frieren vom Winde gehindert wird/ alles mit weissen Schaum bedecket/ und fält die eine See recht Rund über die ander vorhergehende See/ mit grossen Gerausch wie ein Mühlen-Strohm/ welches Geräusch ebenfalls die Schiffe machen/ in Durchschneidung der See / und bleibet das Wasser etwas schlecht/ nach Art als ein Quel/ die sich bald verlieret.

D

Es ist auch zu mercken daß die Meeres-Wellen bey Veränderung der Winde / gegeneinander sprützen/ und ziehen ungleich durcheinander mit viel Sprützen über die Schiffe / ehe sie einen Weg ziehen.

Das See-Wasser habe ich hier nicht also klar gesehen / auch nicht von Saltze also strenge wie beym Eise / es kan seyn wegen flachen Grundes / und vieler frischen Refieren die darem fliessen / oder weil die Kälte das Wasser mehr reiniget.

Was aber der Schiffe Bewegung auf der See anbelanget / siegeln sie in der See auf allerhand Art mit Abwechselung der Siegel.

Als wann es windig/ siegeln sie mit allen Siegeln/ wanns stürmet mit den 2 untersten grossen Siegeln/ davon das vorderste die Fokke / und das mittelste Schümpffersiegel/ das dritte Basansiegel genennet wird.

Wann es härter stürmet/ lassen sie das vorderste grosse Siegel nieder/ und siegeln bey den mittelsten grossen Siegel und Basan.

In härtestem Sturm mit halb aufgewickelten / wie sie es nennen gezwikelten/ halb außgespanten Basan-Siegel / dieses geschicht darumb/ daß das Schiff Festigkeit vom Winde fassen kan/ sonst weltzet sich das Schiff gar zu hart in die See/ daß von beyden Seiten deß Schiffes das Wasser überstürtzet.

Ein Mann stehet allezeit bey dem Steuerstok / sonst Kelterstok genennet/ der das Schiff regieret.

Jm harten Sturm/ wann zehen Männer bey dem Ruderstock/ können sie das Ruder nicht halten/ dann machen sie den Steuerstok mit Stricken feste/ und lassens ab und zugehen / wie sie sonst pflegen zu steuren nach dem Windzeiger oder Compaß.

Jn und nach solchem Seesturm bekommet man zuweilen frembde Gäste auf den Schiffen / Trostel/ Spren/ und allerhand kleine Vögel/ die auß Ungewitter vom Lande verirret/ welche auf den Schiffen fliegen ihr Leben zu fristen/ die andern flattern und fliegen auf dem Meer biß sie sterben.

Die Lumben und andere Wasser-Vögel bleiben ferne von uns / welches ich erinnere zu benehmen die Meynung etlicher / welche meynen / daß die vorgesagte Vögel/ auf die Schiffe fliehen/ als böß Gewitter vorher kundigen.

Es treffen dannoch folgende Gemerck gemeiniglich ein / wann ein See-Sturm verhanden / wann sich viel Tuninen und andere grosse Fische bey den Schiffen sehen lassen/ wann sie toben und springen auß dem Wasser/ das ihnen allezeit kein spielend ist / vielleicht daß sie Schmertzen an ihren Leibern leiden/ wir sahen etliche Walfische im Meer / die tobeten als ob sie mit dem Todte rinngeten.

Wann

Wann die See gantz unruhig ist / ist also zu verstehen/daß von der See allein solches nicht herrühret/sondern es folget ein harter Wind darnach/der die Meeres-Wellen so zu reden als Boten vorher sendet/biß er mit Stürmen ankompt/welches von der Nord-See nicht zu verstehen / sondern zwischen Hitland und Spitsbergen.

Wann die Luft dazu geneiget/daß die Sternen grosser Blicken und mehr als sonst gesehen werden / darauß mannichmal groß gedeutet /und in der That also befunden/wann es manchem starck eingebildet wird; So schwebet die Luft voller Tau/welcher bey Veränderung der Kälte viel Nebel verursachet/da dann der Wind nicht lange säumet.

Bey Nacht /wann die Wellen viel sprützen/scheinet die See wie Feuer/die Seefahrenden nennens Brannen/dieser Schein ist ein heller Schein und Glantz/ so wenig Widerschein gibt/ recht wie der Diamant.

Wann aber die See hefftig bey dunckeler Nacht scheinet und brennet/ folget ein Süden- oder Westen-Wind.

Hinten am Schiffe/wo das Wasser durchgeschnitten wird/siehet man bey Nacht tieff unter Wasser / die Blasen fahren auf und zerspringen/dann ist der Schein nichts.

Bißhero haben wir geredet von der Nord-See / hinfüro wollen wir reden von den Meeres-Wellen zwischen Hitland biß Spitsbergen/bey Hitland lief der Strohm schnelle Norden/ und ward von Tagen zu Tagen kälter.

Es ist zu mercken/daß die Meeres-Wellen länger hinlauffen / nach Art/ als sie vor der enge Canaal genandt/ zwischen Engeland und Franckreich in die Hispanisch See lauffen (und das ander Gemerck von der Unruhe deß Meers gehöret hieher) mit stätem Bewegen der Schiffe/daß einer Seekranck wird.

Das Brechen aber ist zwar deß See-Wassers Schuld / aber kompt von der harten und stetigen Bewegung menschlichen Leibes / da man balde auf Händen und Füssen gehen muß.

Es schmecket einem weder Essen noch Trincken/ der Kopf thut wehe/und schwindelt /und ist einem allezeit zu Muthe ob man speyen soll.

Bey dieser Kranckheit folget gemeiniglich Verstopffung deß Leibes / und der Harn färbet sich roth.

Ich achte diese Kranckheit /wie die Ungewohnheit auf dem Wagen fahren/dabey aber allezeit Veränderung an Essen und Ruhen.

Die besten Mittel vor diese Kranckheit achte ich starcke Gewürtz im Munde gekauet/dergleichen seynd Cimmet/ Neglein/Galgant/ Ingber/ Muscatnuß und dergleichen.

D ij

Viele

Spitsbergtische Reise/

Viele meynen die Kranckheit mit Fasten zu vertreiben / welches doch vergebens.

Etliche trincken See=Wasser / meynen davon sich zu brechen / welches doch nicht das See=Wasser macht / sondern der Widerwillen.

Den Ungeschmack zu vertreiben seynd die besten Mittel meines Erachtens / darauf frisch gegessen und getruncken / hilfft bald / man soll auch nicht allzu viel schlaffen / sondern frisch in den Wind sehen / und auf dem Schiffe spatzieren gehen / schadet auch nicht.

Aber wieder auf die Wellen zu kommen / Es ziehen diese Wellen / wanns gleich nicht windig / wie Berge / gantz schlecht / und lauffen immer hin so weit sie zu erkennen seynd / welches zu verstehen ist von deß Meeres Unruhe / wann ein harter Wind folget.

Im Seesturm / wie jetzund gedacht ist / ziehen die Wellen gleicher Weise / aber mit vielen krausen schäumigen Würbeln / wie im Sturm der Nord=See beschrieben ist.

Diese Wellen lauffen ferne hin / daß man zwischen ihnen weit sehen kan. Von benachbarten Schiffen siehet man zuweilen nichtes.

Diese Wellen seynd viel grösser / als sie in der Nord=See streichen / haben auch grösser Krafft wann sie überstürtzen / und spritzen nicht also leicht wie in der Nord=See über die Schiffe.

Die Nord=See leget sich alsobald nach einem Seesturm / diese Bewegung der Wellen dauret wol in den dritten Tag / wann es noch so stille / bewegen sich die Schiffe hart / daß man weder gehen / sitzen noch liegen mag / in der Mitte deß Schiffes ist es am besten zu seyn / weil vorne und hinten das Schiff sich hart stosset in der See.

Es schlagen die Siegel an den Masten / und haben keine Festigkeit vom Winde.

Wann bey windiger Luft von vollem Wind die Siegel fein rund seynd / daß alle Siegel ziehen / wann es meist vor den Wind gehet / ist es am besten auf dem Meer.

Wann es recht vor den Wind gehet / so stehen die vordersten Siegel blind / und wehen nicht auß / dann dringet sich das Schiff hart durch die See / und beweget sich hart von der einen Seite nach der andern.

Es ist aber grosser Unterscheid der Schiffe im Siegeln / als ein Pferd das ander vorlauffet.

Das Bewegen der Schiffe ist auch unterschiedlich / wie auch das Stossen in der See.

Die

Die Stille hilfft auch viel in Siegeln/wann nicht viel Gepolter und gehend im Schiffe

In der See siegeln die Schiffe etwas höher als in frischen Wassern / und fallt meist ein Fuß hoch/daß ein geladen Schiff leichter in die See siegelt

Man halt davor daß man so ferne Schiffe sehen kan als 3 oder 3½ Teutsche Meil reichen/weiter verlieret sich die See in der Lufft/und die Lufft im Meer.

Ein Schiff siegelt auff ein Meil auff die Höhe des Meers/1½ verlieret sich das Schiff/auff 2 Meilen sehen wir die obersten Mast/ Stengen genandt/auff 3. Meil Schiffes Fahne oder Flagge / und weiter kan man nichts mehr von Schiffen sehen

Land und Berge können ferne auff dem Meer gesehen werden/ Spitsbergen haben wir gesehen 12 Meil in der See / das Land scheinete als ob es ein schwartze Wolcke mit vielen weissen Stichen war   Tab D gezeichnet mit a b c g h i.

Am Eise auf dieser See befindet man strenge Kalte / wo es friedsamer Wellen gibt

Das See Wasser ist also klar/ daß man auf 12 und mehr Fadem tief unter Wasser sehen kan

Es ist beym Eise kein Grund zu finden/ daß man Ancker werffen konne.

Es ist noch zu mercken / daß wie die Luft gefarbet/ also endet sich auch die See/Ist der Himmel klar / so scheinet die See blau als ein Saphir/so der Himmel ein wenig mit Wolcken bedecket/ist die See grün/ als ein Schmaragd/ bey trübem Sonnenschein/ gelb oder Leimfarbig/wann es gantz dunckel als Indigo/ bey Sturm und Gewölck als schwartze Seiffe / oder recht von Farben, wie das Wasser Bley/damit man schreibet

Wann es gantz stille vom Winde ist / kan man Schlagen oder Klopffen weit hören auf dem Meer/ welches auch an den Walfischen Gehör mercket/wie wir an seinem Ort melden wollen

Im Eise lief der Strohm Süden / daß wir merckten/weil wir ferne zurücke trieben

Bey den Muschelhafen lief der Strohm Norden.

Wenn allezeit der Strohm also lief/ware es eine Malmung.

Die jenigen/ so jährlich an diese Oerter kommen / berichten also von der Ebbe und Fluth nichts gewisses / als daß bey Vermehrung der Winde am Lande das Wasser höher gesehen wird/als sonsten/das habe ich auch gemercket/ denn wenn es statig Ebbe und Fluth war / so wurden der Vögel Eyer auf den niedrigen Inseln verderben/wann die Fluthen darüber strichen.

Gewissen Bericht der Ebbe und Fluth kan man nicht leicht wissen / ich weiß nichtes mehr davon als ich beschrieben.

Das Dritte Capittel.
Von dem Eiß.

IM Monat April und Majo bricht das West Eiß / weil es gegen Westen liget/ welches bey Johann Meyen Eiland in dem Meer zerstreuet treibet/ und strecket sich biß Spitsbergen/ wo es zu der Zeit noch feste lag. Tab. A. gezeichnet mit e.

Der Unterscheid deß Eises bey Spitsbergen / und deß Eises dieser Länder/ das dorten kein Glat-Eiß gesehen wird/ darauf man zischern oder glischen könne.

Es ist auch nicht also klar und durchsichtig / auch nicht also scharff und schneidig/ aber viel härter und läst sich nicht leicht spalten dieweil es dem Grunde Eiß/ dieser Länder in den Flüssen am ehnlichsten siehet/ oder wie Hut-Zucker.

Wo nun das veste Eiß auf dem Meer lieget / siehet man eine Schneeweisse Klarheit am Himmel / als ob es Sonnenschein / denn der Schnee färbet die Luft/ wie ein Feuer bey Nacht unter dem Himmel gesehen wird/ Tab. A. gezeichnet mit f. Tab. B. d. von ferne aber siehet man die Luft blau oder schwärtzlich/ Tab. A. gezeichnet mit o. da viel kleine Eißfelder / so gleichsam der Seehunde Wiesen seynd gesehen worden/ welche keinen Schein geben unter dem Himmel/ weil der Schnee davon geschmoltzen ist.

An diese Eißfelder sprützet die See und verursachet allerhand schöne Bilder/ nicht das sie von Natur also gebildet seind / wie das Blumen Eiß an den Gläsern scheiben allerhand schöne Figuren gewinnet/ diese aber werden von der sprützen des Meers gebildet/ wie Bergen/ Thürme/ Tische/ Kappellen uñ allerhand Thier. Tab. A. gezeichnet h.

Diese Eißfelder seind viel tieffer unter dem Wasser als sie oberhalb dem Wasser/ und werden unter Wasser bleicher von Farben gesehen wie sie oben scheinen/ das oberste möchte der rechte Kern oder Marck des Eises genennet werden/ weil sich die Farbe viel höher streckt/ wie die andern Eißfelder. Tab A. gezeichnet h.

Die höheste Farbe aber ist schön Blau/ wie der blaueste Vitriol / etwas durchscheinend/ aber nicht so klar wie das Eiß hier zu Lande da man durchsehen kan / wie dicke es ist/ hart wie ein Stein / und lest sich nicht so gleich spalten wie ander Eiß/ dieweil es löchrich als ein Bimbstein ist.

Umb dieses Eiß siegeln die Schiffe hin und her/ biß sie grösser Eißfelder sehen/ weil die kleinen Eißfelder das Meer unrein machen / und die Schiffe siegeln leicht daran und kommen umb. Tab. A. gezeichnet i. Wann

Wann sich aber die Winde erheben / so toben die Wellen an den Eißfeldern wie an den Steinklippen und zermalmet daß Eiß die Schiffe.

Wann man nun die kleinen Eißfelder vorbey / siehet man eine weisse Klarheit unter dem Himmel/und finden grösser Eißfelder / die fein von einander getrieben seind/darauff siegeln wir in das Eiß/und schleppen ein kleines Eißfeld hinter dem Schiffe her/damit es von harten siegeln und Einnehmung der Siegel/ desto eher vom siegeln begeben kan/sonst möchte das Schiff leicht stossen an ein Eißfeld. Tab. A. gezeichnet b.

Es hat ein jeder Schiffer darin seinen Willen / daß er in das Eiß siegelt/ weil umb die Frühjars Zeit der Walfisch daselbst wie sie es nennen in daß West Eiß gesehen wird.

Auch siegeln die Schiffer nicht gerne in das Eiß/wann es finster von Nebel ist/oder Sturmig welchen sie auff das Vorjahr vermuhten seyn müssen / und die kleinen Eißschollen treiben hin und wieder im Meer / welche die Schiffer meiden müssen/damit sie die Schiffe nicht verderben.

Es scheinet wol thöricht / wenn man es nicht wüst /das man balde von dem Eise und wieder hinzu siegelt / es ist aber hiemet wie mit andere Thiere Jachten bewant/findet man an einem Orthe keine Walfische/so müssen sie ihn anderswo vermuthen seyn/ denn dieses Glück vom Walfisch fang / fält wie eine Würffel im Spiel/und dazu gehöret eben kein grosser Witz/selbige zu finden/ der eine siehet und bekombt mehr als er begehret/und der ander auff eine halbe Meil davon fanget und siehet keinen/welches genugsam bekandt ist.

Wann sie in das Eiß siegeln/ stehen die Männer mit grossen Eißhacken zu wehren/ daß sich das Schiff nicht an ein Eißfeld stosse.

Je ferner man in das Eiß siegelt je grösser Eiß-Felder werden da gesehen/ welche man auch nicht übersehen kan/dann hier umb die West/wie sie es nennen/ werden grösser Eiß-Felder als bey Spitsbergen gesehen / alles oben weiß von Schnee bedecket/daß übel darauff zu gehen/weil man tieff im Schnee fält. (Tab. A gezeichnet l. Tab. B gezeichnet C.)

Der Beren Fußstapffen sahen wir an den Uferen des Eises / weil sie ihre Nahrung im Wasser von dem Aaß der Walfische suchen/ zur Gesellschafft spatziret Reinhart mit / seine Nahrung fält hier schlechter von den Vögeln als bey Spitsbergen/weil die hier einzeln fliegen.

Wann die Schiffer aber etliche Meil in das Eiß siegeln/ wo mittelmässige doch grosse Eiß-Felder gesehen werden/machen sie die Schiffe daran feste mit grossen Eißhacken / welche mit dicken Stricken wol versehen seynd / und liegen die Schiffe wie vor Ancker/etliche Schiffe umb ein Eiß-Feldt/sie sehen aber viel lieber

daß

Spitsbergische Reise/

daß ein Schiff alleine ist/weil einer dem andern am Walfisch-Fang hindert / weil die Walfisch scheu gemacht werden/durch das Jagen von einen zu dem andern.

Im Eise befinden wir keine grosse Wellen aus der See / sondern ziemliche Stille/wann es gleich stürmet. Es ist diese Gefahr dabey/daß/weil ein Eiß-Feldt grösser den das ander/und die kleinen viel geschwinder treiben als die grossen/ von dringen des Eises es sich in ein hauffen dringet/mit grosser gefahr der Schiffe die leicht zerbrechen. Tab. B. gezeichnet mit a.

Die Männer in den Schiffen wehren dem dringenden Eise so viel immer müglich/ mit grossen Eißhacken/ was vor weinig nutzen es mannichmal schafft/ erfähret man Jährlich wann Schiffe bleiben.

Bey gutem Gewitter mag es so balde geschehen als im Sturm und Ungewitter/weil daß Eiß in der See treibet/mit dem Strom oder Winde / was am gewaltigsten/ und lieget wie auff einer Mühlen und zermalmet sich/ welches gleiche Gefahr für die Schiffe bringet/weil auff solche Art mannig Schiff verderbet wird. Tab. B.

Ein Todter Wallfisch beym Schiffe soll dem dringenden Eise wol die meiste wehre thun.

Andere die hangen umb die Schiffe Schwäntze und Finnen des Walfisches/welches nicht zuverwerffen ist/dieweil es den Schiffen grossen Nutzen schaffet wegen gefahr des Eises/man hat Exempel / daß in solchen dringen des Eises ein todter Walfisch auff das Eiß gedrungen.

Daß Eiß steiget aus dem Wasser wie Berge/ und machet ein Geräusch das man kaum davor hören kan / von solchen dringen des Eises kommen die hohen Eißberge/die hin und her im Meer treiben. Tab. B.

Die andern grossen Eißfelder liegen nicht also hoch/ wie diese Eißberge / wiewol sie selbsten gantz schlecht ohne Hügel gesehen werden / unter Wasser wird das Eiß gesehen so tief man sehen kan. Tab. B. gezeichnet e.

Alles ist blau von Farben/ je tieffer aber in eine Höle deß Eises gesehen wird/ je schöner Blau man da siehet / welche schöne Farben sich endern wie die Luft/ denn wenn es regnigt Gewitter/ erstirbet diese Farbe und wird bleicher / Auch habe ich das Eiß unter dem Wasser offt grün gesehen/ die Ursache war die trübe Luft/wornach die See ihre Farben endert.

Mich wundert daß auf den grösten Eißfeldern nicht also hohe Eißberge stehen/wie man in der Malmung deß Eises und am Lande siehet/ich halte davor/ daß sie von unten auf schmeltzen / denn man siehet es an dem löcherichten Eiß/ sonsten würde man da Eiß sehen/ wann man es rechen wolte von Anfang her/ das würde in der Mitte deß Meers den Grund erreichen.

Ich

Andern Theils / vom Eise.

Ich habe in Spitsbergen weiß und klar Eiß gesehen / welches gantz krauß gefroren war / man sah es recht wie Candis-Zucker / es war sehr hart und dicke / und trieb dem Wasser gleich.

Allezeit liegen die Schiffe nicht also bedränget / weil manichmal wenig Eiß da gesehen wird / so man doch ferne im Eise ist / so balde sich aber die Winde erheben / ist zu verwundern / wo das Eiß / weniger als einer Stunden Weile hertreiben kompt.

An den allergrösten Eißfeldern liegen die Schiffe nicht allzu sicher / dieweil wegen der Grösse und deß Strohms auch vielleicht von der Runde deß Meers brechen die Eißfelder / mit gleicher Gefahr der Schiffe.

Wann solche Eißfelder brechen / stossen sie von einander / das machet einen Würbel im Meer / und der Würbel die Malmung / wie man siehet einen Würbel im Wasser / oder ein Mühlenstrohm der von der Seite gegeneinander rinnet / von solcher Verwirrung deß Meers erheben sich die Eißfelder auß dem Meer / wie vorhin von der Zermalmung geschrieben ist.

Auf 71 Grad im Monat April vernamen wir zum ersten Eiß / und siegelten hin und her / oder kreutzten bey dem Eise / biß der erste Monat verlieff / weil in so frühe Jahres-Zeit keiner im Eise sich hinein wagen darff / auß Ursache der Sturmwinde / da dann auch das Eiß zuweilen noch feste stehet / alsdenn werden wenig oder gar keine Walfische gesehen / weil sie unter dem Eise kein Luft schöpffen können.

Im Eise siegelten wir auf 77 Grad / 24 Minuten / und trieben mit der grossen Eißschollen Süden / In diesen Monat / wie auch den folgenden May-Monat / werden hier die meisten Walfische gesehen / welche lauffen gegen Osten / und da folgen wir ihm / immer bey dem Eise hin biß Spitsbergen. Tab A.

Bey dem Lande werden kleiner Eißfelder gesehen / weil das Eiß nicht weichen kan / umb das Land / welches grösser Malmung und kleiner Eiß machet / als in freyem Meer.

Dennoch werden die grösten Eißberge da gesehen / als die zwischen den Bergen stehen / welche nimmer von unten schmeltzen / sondern jährlich grösser werden / von dem Schnee der darauf fällt / Regen / Glateiß / und wieder Schnee / auf solche Art nehmen die Eißberge jährlich zu / und schmeltzen oben nimmer von der Sonnen Wärme. Tab. C. gezeichnet c.d.

Diese Eißberge ändern nach langer Zeit von der Luft die Schnee-Farbe / das ist Regen und Gewölck / und wird das höhest blau als auf Erden seyn kan in den Ritzen der Eißberge gesehen.

Von diesen Eißbergen brechen grosse Stücke / die im Meer treiben / welche an der Dicke das ander Eiß/weit übertreffen/solcher Eißbergen habe ich einen gesehn/der war also schön von der See außgearbeitet wie eine Capell mit gewölbten Fenstern und Pfeilern gezieret / an den Thüren und durchlöcherten Stücken/ welche wie Fenster anzusehen / hiengen voller Eißzapffen / inwendig war die schöneste blaue Farbe zu sehen/ diese Capell war grösser als unser Schiff/in der Höhe etwas höher als hinten der oberste Schiff-Boden / wie tieff diese Eißscholle unter Wasser lag/kan ich nicht eigentlich wissen.

Bey den Muschelhafen kam ein grosser Eißberg an unser Schiff treiben/ also hoch war er / als das vorder Theil vom Schiffe / die Backe genandt / der war also tieff unter Wasser/daß er das Ancker aufhub/wir hatten auf 15 Fadem Grund.

Andere Figuren die ich im Eise gesehen / als runde und vierecklichte Tische/ mit runden blauen Pfeilern darunter/Tab. B. gezeichnet t. oben der Tisch war gantz schlecht weiß von Schnee / an den Seiten hiengen voller Eißzapffen/als eine Tischdecke die von den Seiten herunter hanget/in der Grösse/daß 40 Mann darumb sitzen können / wann sie im Aufstehen nur nicht mit den Hindern an den Stühlen bekleben bleiben. Solche Tische habe ich gesehen unten mit einem Fusse/mit zwey und dreyen Pfeilern/dabey sich die Seehunde häuffig funden.

Die Gerichte auf diesem Tisch waren dabey ein stück Eiß / recht als ein Pferd Kopff und ein Schwan / von Geschmack seynd diese Gerichte etwas gesaltzen / es ist zu mercken / daß dieses Eiß gantz löcherich von den sprützenden Schnee wird / und davon wird es saltzig schmeckend wie ander See Wasser/ und davon endert das Eiß auch die Farben von dem Meer-Wasser auch Regenwasser darzwischen/wie einem das Wasser insgemein blau und gelb sihet/so man unter Wasser spatzieret / wann man die Augen offen hat/und nach obenwerts siehet.

Das ander Eiß/ so weit es oben dem Wasser lieget/ist von Geschmack wie ander Eiß unter Wasser wird es wie das ander Seewasser saltzig.

Wie wir bey Spitsbergen ankamen/ lag das Eiß bey den Rehenfelt noch feste/welches nach wenig Tagen von dem Winde vertrieben war.

Das Eiß besetzet diß Land von allen Seiten/ nach Arth der Winde/von Johán Mayen Eiland Alt Groenland und Nowa Zembla.

Wir befunden damals / daß das Eiß von der einen Seite an die andern Seite Spitsbergen war / und die Schiffe siegelten gleichsam zwischen dem Eise und Lande wie in einem Resier.

So bald dieses Eiß von dem Winde hergejaget wird/müssen die Schiffe weichen/oder in die Hafen siegeln / biß so lange das Eiß von andern Winden ver-

vertrieben wird/oder sie müssen da bleiben/ wo aber noch mehr Schiffe verhanden seynd/die auffer der Gefahr/können die Menschen den Leib bergen.

Auf diesem Eise werden nicht viel Seehunde gesehen/ dagegen siehet man viel Walrosse/und vielmehr Vögel.

Wie wir noch ferner siegelten/sahen wir die 7 Eilanden/und konten nicht ferner kommen.

Das Vierdte Capittel.
Von der Lufft.

Gleich wie die Kälte unser Länder nicht allezeit beständig ist / also auch in Spitsbergen.

Im Monat April auff 71 Grad wars also kalt/ daß man sich kaum bergen konte.

In diesem Monat / wie auch im MayMonat soll in Spitsbergen alle Jahr die strengeste Kälte seyn.

Was von Nassigkeiten in den Schiffen erfrieret/ Mast/ Stricke/und was im Schiffe umb oder anhanget/wird von dem Nebel und Eise wie ein Harnisch überzogen.

Nunmehro senden sie die Schiffe nicht mehr also frühe hin wie vor wenig Jahren / und kommen früh genug/ denn in so früh Jahres-Zeiten haben sie wenig Nutzen da schaffen können / weil das Eiß noch nicht voneinander getrieben/da denn wenig Walfisch gesehen werden.

In den zwey ersten Spitsbergens Sommer-Monaten ist das Zahnklappern sehr gemein/die Begierde deß Essens ist auch grösser als in andern Ländern.

Der Sonnen Untergang merckten wir den 3 May (waren ungefehr auf 71 Grad nicht mehr weil man Nachtes so wol sehen konte als am Tage.

Beständigkeit deß Gewitters ist nicht zu rühmen in diesen zweyen ersten Monaten/ dieweil es stündlich ein Verenderung gibt.

Man saget auch/wann der Mond und ein trüber flammiger Himmel gesehen wird.

Ob der Mond solches Ungewitter anzeiget/ kan ich nicht wissen/weil er bey uns auch am klaren Tage gesehen wird/daß aber nach einem klaren Himmel die Luft dicke von Nebel überzogen wird/ geschicht zu andern Zeiten mehr/vornehmlich aber/wann ein anderer Wind darauf folget.

Wann die Berge feurig scheinen / so ist es neblicht/ darauf folget noch finsterer Nebel mit Vermehrung der Kälte / welcher anzusehen blau wie Indigo/ auch wol schwartz von ferne/ welcher bey Veränderung deß Gewitters mit dem

Winde hergetrieben wird / daß eher als in einer halben Stunde / das Meer von den finstern Nebel bedecket ist/daß man kaum Schiffslänge von sich sehen kan.

Andere Gemerck von den Wallfischen und Seehunden/ sollen in ihrem Capittel beschrieben werden.

Zuweilen wenn im Monat Majo den 14. die Lufft hell und klar / und doch sehr kalt dabey/daß wir ferne das Meer sehen konten / als sie sonst auff dem Meer gesehen wird.

Lufft und Meer waren nicht zu unterscheiden/es scheinete als ob die Schiffe in der Lufft schwebeten, und seynd anzusehen wie dürre Bäume oder wie Pfale.

Auff folgende Arth wird Spitsbergen von ferne gesehen als ob es eine Wolcke ist/die Berge geben einen Widerschein im Meer / daß wer das Land nicht kündig/ solches von der Lufft nicht leicht unterscheiden kan / wie auch andere Länder von ferne also gesehen werden. Tab. O.

Solche Stille haben wir in den andern Monat Junij/Julij und Augusti erlebet.

Was aber die Kälte belanget/richtet sich nach den Winden nach ihrer Arth als Nord und Ost Wind verursachen die strengeste Kälte/daß man sich mannichmahl kaum bergen könte/ fürnemlich bey starcken Winden.

Der West und Süden Wind/ wann sie etwas beständig weheten / verursachten viel Schnee/auch wol Regen und leidliche Kälte.

Die andern Winde so viel der seynd 32. nach dem kleinen Compaß/ wie die nun Nahmen haben/werden von dem Gewölck getrieben / daß so viel Meil der Wind Süd SüdWest / auff etliche Meil aber gantz anders befunden wird.

Was vor Hitze der Sonnen öffters befunden wird / siehet man an denen/ welchen die Zähren aus den Augen trieffen.

Es hält dennoch solche strenge Kälte nicht allezeit beständig an / wie oben schon erwehnet/denn wenn es immer gleiche kalt wäre / wo wolten Kräuter wachsen.

Auch ist alle Jahr keine Beständigkeit von Winden nach den Monden/ sondern eine Veränderung wie an andern Orthen/ bald ein gelinder / bald ein harter Winter.

Erfahrne Schiffer und Harpunier dieser Oerther rühmen solche Jahren vor gute Wallfischfang Jahren / worinnen nicht viel dunckel neblige Tage einfallen.

Ob aber bey des Mondes fürnehmsten Wechselung SpringFluten einfallen/kan man nicht wissen.

4. Cap.   Andern Theils/ von der Lufft.

Einen solchen schönen Himmel wie bey uns in Sommers-Tagen gesehen wird/ mit zierlichen krausen Gewölck habe ich in Spitsbergen nicht gesehen.

Hingegen allezeit trübe Lufft/ oder neblicht Gewölck.

Auffsteigende Donner-Gewölck habe ich nicht gesehen/ ich habe es auch von keinem vernommen.

Oberhalb des Eises wird die Lufft weiß gesehen/ daraus zu erkennen/ wo fest Eiß/ lieget wie im Capittel des Eises mit mehren davon geschrieben ist. Tab. A. gezeichnet t. Tab. B. gezeichnet d.

In den 2 letzten Spitzbergens Sommer Monaten/ sonderlich im Heumonat vor dem Weihegat/ schien die Sonne also warm/ daß des Schiffes Schmier oder Tehr zwischen den Randen oder Borten des Schiffes / daran der Wind nicht stosset schmeltzete.

Es ist zwar kein Unterscheid der Kälte bey Tage oder bey Nacht/ doch kompt es einem gleichwol des Nachts vor wann die Sonne scheinet/ der es recht betrachtet/ wie ein heller Mondschein / daß man in die ☉ sehen kan wie im ☽/ daß Tag und Nacht zu unterscheiden ist.

Vermehrung der Kälte und Abwechselung des Compaß haben wir nicht gemercket/ so ferne wir kommen sind.

Es ist auch zu mercken/ daß die Kälte einen todten Cörper in der Erden nicht leicht verwesen läst/ wie oben im Capit. von Spitsbergens Beschreibung schon beschrieben ist.

Der Sonnen Untergang auff der Ruckreise merckten wir den 2. Augusti.

Was sonsten betrifft die Dinge/ so in der Lufft gezeuget werden/ habe ich gemercket/ daß der Reiff wie klein spiessiger Schnee/ so zu reden/ oder in Korn kleiner subtiler Spiessen hernieder fält auff das Meer/ und bedecket dasselbe/ als wann es von dem Staub bestoben oder überzogen wäre/ diese kleine Spiesse häuffen sich immermehr/ und liegen wie sie fallen/ kreutzweise oder ungleich auff einander/ welches einer Spinnengeweb am ehnlichsten siehet/ entspringen oder sie wachsen aus der Kälte der Lufft/ und vermehren sich biß das Meer davon wie mit einer dicken Haut überzogen wird/ als mit Eiß/ welches Eiß einen süssen Geschmack bekompt/ wie auch sonst das gesaltzte Meerwasser in der Lufft in die Höhe gezogen/ verändert wird/ und in süssen Regen verwandelt hernieder fällt.

Dieses begiebet sich bey hellen Sonnenschein und strenger Kälte / denn er fällt wie der Tau bey uns bey Nachte unsichtbarlich: bey trüben Gewitter/ wann die Sonne nicht scheinet/ kan man dieses nicht sehen.

Man siehet es aber sonderlich/ wenn man gegen der Sonnen siehet/ an einem schattigen Orthe.

E iij   Da

Da blicket es so hell wie Diamanten.

Es wird gar häuffig gesehen/als staub an der Sonnen/ von den Morgen an biß zu Mittag/und Abends zeit.

Es fellt gantz klein / also daß sich von Naßigkeit nichts an den Kleidern anhenget.

Recht umb Mittag/wen die Sonne etwas warm scheinet / zerschmeltzen diese Spiessen/und fallen wie der Tau/unsichtiglich.

Zuweilen siehet man bei uns auch/diesen Spiessen fast ehnlich scheinend/was dem Reiffe gleich von den Bäumen staubet.

Dieß ist kleiner Schnee/welcher so wol im Schatten als gegen der Sonnen gesehen wird.

So sind auch nicht diese Spiessen der Odem oder Dampff / der sich wie Reiff in den Haaren der Pferde oder dergleichen anhänget.

Es ist dabey nicht zu vergessen / daß man siehet in solchen Spiessen bey Spitsbergen einen Bogen / als ein Regenbogen von zweyen Farben weiß und bleichgelb/nach der Sonnen gestaltet/der sich sehen läst in dem finstern Schatten vom Gewölcke.

Nächst diesem schreite ich zur Beschreibung eines andern Bogens / welchen ich nenne einen Meers-Bogen.

Dieser wird gesehen bey hellem Sonnenschein / nicht zwar in den grossen Wellen / sondern in den Tropffen deß Wassers/welches von Winde staubet/ und ist wie ein Nebel anzusehen.

Gemeiniglich siehet man diesen Bogen vor dem Bauche deß Schiffes/ auch wol hinten der Lee zu (als nennen sie die Seite deß Schiffes/so nach dem Meer sich hinlencket) gegen der Sonnen über/wo der Siegelschatten hingeworffen wird.

Nicht derselbe Schatten von den Siegeln / sondern in denselben erzeiget sich ein Bogen.

Man siehet aber einen solchen schönen Schatten in den gesaltzenen Meers-Tropffen/mit unterschiedlichen Farben als der Regenbogen am Himmel gegen den finstern Wolcken über gesehen wird.

Hiebey erinnere ich mich noch eines andern / nemlich daß in dem obersten Gewölcke/neben der Sonnen/ein helles Liecht gesehen wird/als ob zwey Sonnen scheinen.

Von den Seefahrenden werden sie/Wettergallen/sonst neben Sonnen genennet.

Solch

4. Cap. Andern Theils/von der Lufft. 33

Solch helles Liecht befinden wir in der niedrigen Lufft / in dem finstern Schatten der von den Wolcken hernieder fällt/welches einem Regen-Gewölck nicht ungleich scheinet/ dieweil es voller Tropffen schwebet/in welchem die Sonne blicket als ein Ding in einem Spiegel gesehen wird.

Diese Klarheit der Sonnen verursachet eine Wärme/ welche von sich treibet einen Bogen/ so nach der Sonnen gestaltet / welcher Bogen die Tropffen seynd / so von der Sonnen Warme in Dampf oder Nebel verwandelt wird/ wie solcher Dampf bey Abnehmung der Kälte in der Lufft wie Rauch gesehen wird/ in welchem die Farben nicht gesehen werden.

In den hervor schwebenden Tropffen aber / darinn blicket die Sonne und verursachet die schönen Farben/ welche recht voneinander theilet scheinen/blau/ gelb und roth.

Diß seynd die drey Haupt-Farben deß Bogens.

Was die Grösse betrifft / habe ich an dem Bogen/welchen ich in Spitsbergen gesehen/beobachtet: daß er Tag und Nacht mit der Sonnen umbgieng: daß er deß Morgens und Abends / wie auch deß Nachtes viel grösser gesehen ward / als bey Tage.

Ich will nicht gedencken der Wind-Würbeln / welche in diesen kalten Ländern unbekandt seynd: als die das Wasser in der Lufft umbtreiben und zermalmen nach Art der Wasser-Mühlen/ so nach den Schnecken-Häusern erfunden.

Vergesse aber der kleinen Würbeln nicht / als welche von wegen der hervor stehenden Bergen / daran sich ein Wind stosset/und also herumb getrieben wird/entstehen.

Die andern / zwischen den Häusern oder Tächern / sehen wir auf nähern Wegen.

Wir sehen ferners in Spitsbergen/daß das Meer/ wie die andern Wasser bey Vermehrung der Kälte einen Dampf von sich gibt/ welcher Dampf in der Lufft zu Regen oder Schnee wird/ und riechet wie der Nebel oder heiß Wasser.

Ein Spitsbergisch Angemerck ist auch dieses / daß/ wann in der Lufft viel Dampf oder Nebel gesehen wird / und solcher Dampf fast Augenblicklich entstehet bey klahrem Sonnenschein/ohne Wind und andern Ursachen / die Kälte sich zu mindern pflegt: wann aber von solchen Dunsten die Lufft überhäuffet/so vertheilen sich die Wolcken/ und halten lange an mit beständigem Wind.

Solchen Dampf sehen wir in der Lufft / der wie der Schweiß sich an die Kleider oder Haare anhänget.

Auß solchen kleinen Dampf-Tröpfflein wird anfärtglich der Schnee.

Es wird Erstlich ein tropflein / als ein Sandeskorn gesehen wie bezeichnet mit

mit Tab. E. gezeichnet mit A. Von dem Nebel nimbt es zu/biß es einem sechs=
eckigtem Schilde ehnlich wird / hell und durchsichtig als ein Glaß.   An diesen
sechs Ecken henget Nebel an wie tropffen B. und hernach frieret er von einander
daß man sehen kan eine gestalt des Sterns C. welches doch noch an einander
gefrohren: biß es folgends sich recht von einander theilet / daß man sehen kan
einen Stern mit Zacken D: welche Zacken noch nicht gantz gefrohren seind/die=
weil noch etliche gantze Nasse tröpflein zwischen den Zacken sind: biß er ferner
einer vollkommen Stern form gewinnet mit Zacken an den Seiten wie Faren=
kraut/an welchen spitzen noch kleine tropffen hangen als Knuppel E. die sich zu
letzt verlichren/und endlich in vollkommen Stern form gebohren wird.

Und daß ist der Ursprung deß Stern=Schnees / welcher bey der strengesten
Kälte also lange gesehen wird/biß er alle Zacken verliehret/ F.

Wie vielerley arth Schnee fallen in Spitsbergen / und bey welchem Ge=
witter/habe ich folgender gestalt beobachtet und unterschieden. Num. 1. Tab. E.
gezeichnet bey leidlicher Kälte wann es Regnig dabey/fält der Schnee als Röß=
lein / spiessen und kleine Körner. Num. 2. Wenn die Kälte nachläst / fält Schnee
als Sterne mit vielen Zacken wie Farenkraut. Num. 3. Nebel allein oder gros=
ser Schnee.   Num. 4. bey strenger Kälte und Wind. Num. 5. bey strenger
Kälte / wans nicht Windig / fält Schnee als Sterne viel in einen hauffen / weil
sie vom Winde nicht von einander getrieben werden.   Num. 6. Bey Nord=
west Wind oder dicken Gewolck Sturmig dabey / fiel Hagel Rund und Läng=
licht mit Zacken überall in der grösse wie in der Figur zusehen ist.

Es werden noch viel mehr arth Stern=Schnee gesehen / mit mehren Za=
cken Hertzen und dergleichen / sie werden aber alle mit einander auff einerley Art
gebohren/ bey Ost und Norden Wind.

Ander spiessiger Schnee bey West und Süden Winden.

Wann er von dem Winde nicht vertrieben wird / fält er viel in ein hauffen.

Wann er aber vom Winde von einander getrieben wird / fallen Sterne
oder Spiessen allein / jeder Schnee besonderlich wie der Staub schwebet gegen die
Sonne.

So viel habe ich von dem Schnee eingenommen/biß hie her / und befinde
daß auch bey kalter Norden Lufft / in diesen Ländern allerhand arth Stern=
Schnee gesehen wird/wie in Spitsbergen.

Ende deß Andern Theils.

Spits=

Spitsbergischer Reise
Dritter Theil/
Von den Pflantzen so ich in Spitsbergen gefunden.
1. Capittel.

JN gemein wil ich erinnert haben / daß die Figuren dieser Kräuter alle an dem Orte / da ich sie gefunden nach dem Leben frisch/ und ihrer natürlichen Grösse abgerissen / ohne das Klippen-Kraut mit dem eintzigen Blatte / und das dabey stehende einem Roßschwantz nicht ungleich / welche wegen ihrer Grösse nicht wol nach dem Leben haben können abgerissen werden.

Die Kräuter alle/ wie auch die Mos-Kräuter/ wachsen auf dem Gries und Sand von Steinen / wo das Wasser herunter fällt/ und da Ost- und Norden-Wind auf die Seite deß Berges nicht zu starck aufwehet / die Vögel geben den Mist dazu / daß also die Kräuter zu ihrer vollkommenen Wachsung gelangen können.

Es wachsen noch viel mehr kleine Kräuter / die ich wegen mangel der Zeit nicht habe abreissen können/ sollen aber geliebtes Gott ins künfftige / wenn ich meine andere Reise dahin tuhn werde/ nicht außgelassen werden.

Mit willen aber habe ich außgelassen den weissen Mahn / davon wir viel Blumen auff unsere Hüte steckten / und damit wieder zurücke an das Schiff kamen. Die gantze Pflantze war nur einer Spannen lang.

Neben diesen habe ich auch nicht gedacht des rothen Sauerampffers / demselben so mir zu Bremen in des Holländischen Gärtners Hofe unter diesen Nahmen gezeiget / in Grösse gleich/ die Blätter aber des Spitzbergischen seynd von Farben roth.

Diese wenige Kräuter mag der günstige Leser fürs erste als eine Probe annehmen/ daß auff diesen dürren und kalten Gebirgen dennoch Kräuter wachsen / davon so wol Menschen als Thiere ihre Nahrung und Erfrischung haben können/ wie aus den folgenden kurtz zu ersehen ist.

Es scheinet daß die Kräuter an diesem Orth nicht viel Zeit zu wachsen haben/

denn ... ~~achtmonat~~ / da wir in Spitsbergen ankamen / war nicht viel grünes zu seh... ...eumonat aber stunden sie mehrentheils in voller Blüth / und etliche trugen schon Saamen / daraus abzunehmen / was vor langer Sommer da seyn muß.

Ich wende mich zur Beschreibung der Kräuter / die ich habe abreissen können / und fange von denen an so ihre Blätter umb die Wurtzel nur herausser bringen / und am Stengel kein oder wenig Blätter haben.

Denen folgen die / so entzelne Blätter am Stengel haben.

Und diesen folgen die gepaarte Blätter haben. Hernach folget eines mit dreyfachen Blättern. Und endlich schliesse ich mit den unvollkomen Kräutern.

Das Ander Capittel.
Kraut mit Aloe-blättern.

ES ist ein sehr artiges Kräutlein / bringet zwischen zackichten satgrün und feisten Blättern wie ein Aloe / einen Bladelosen braunen Stengel / einen kleinen halben Finger groß an welchen träublechte runde Köpfflein von Leibfarber Blümlein / die man kaum erkennen kan / hervor kommen / und ist ein Blumenköpfflein uber einander / und nicht weit von einander. Tab G. gezeichnet mit 1.

Es kommen bißweilen 2. Stenglein / aus einem Kraute heraus / da denn der erste der gröste / der ander kleiner ist.

Nichts desto weniger hat der kleine Stengel eben so wol als der gröste gedoppelte träublechte Blumen-Köpfflein.

Den Saamen belangend habe ich solchen / wie andern mehr wegen Manglung der Zeit nicht können abbilden.

Die Wurtzel bestehet in vielen zarten Fäselein.

Es ist häuffig gesamlet worden den 17. Julij hinter der Harlinger Kocherey an hohen Bergen / da das Wasser herunter fällt.

Es ist nicht wol zu sagen / zu welchen von den beschriebenen Kräutern diß Kräutlein zu bringen sey.

Es gedencket der Herr Casper Bauhin im Vorläuffer seines Pflantzenschauplatz in des 5. Buchs 15. Capitel eines Krauts / so er Limonium maritimum minimum nennet.

Diesem schreibet er kleine rundlechte dicke dichte Blätter wie ein Haußwurtz / zwischen welchen kleine Stenglein etliche wenige bleichrothe Blümlein / aber die Wurtzel kompt mit unserm Kraute nicht überein / denn jene lang und roth / und oben zertheilet ist / unsers Kräutleins Wurtzel aber bestehet in vielen Fäselein / und ist nicht roth.

Das

Das Dritte Capittel.
Eingekerbtes Kleinhaußwurtz.

Jeses Krauts Blätter gleichen sich am besten mit des Maßliebens Blättern/dafür ich sie auch angesehen / wenn die Blume nicht darin gewesen wäre / nur daß dieses Spitsbergischen Krautsblätter dicker und safftiger seynd/wie des Haußwurts/oder wie wir sagen des kleinen Hußlocks Blätter.

Die Blätter kommen aus umb die Wurtzel herumb / zwischen welchen ein kleiner Stengel/meist einen kleinen Finger lang hervor schiesset/welcher rund und rauch ist/mehrentheils ohne Blätter / nur da er ein ander Stenglein hervor bringet/siehet man ein schmales Blätlein an einander.

Die Blume kompt zwischen schuppichte Köpfflein (wie ein Stichas Blumen)hervor/seynd von Farben braun/haben fünff spitzige Blätter / halte mit 5. Fäserlein darinnen/des Mauer Pfeffers Blumen gleich.

Ich habe nicht mehr als zwey Blumen zugleich blüend befunden.

Der Saame war noch nicht verhanden.

Die Wurtzel ist etwas dicke/gehet gerade aus/hat an allen Seiten ein hauffen dicke Fäserlein.

Man möchte es zu den Haußwurtzen bringen / und es eingekerbtes Klein Haußwurtz / oder kürtzer / eingekerbtes Haußwurtzmit Schuppichten Köpffen nennen.

Dieß Kraut habe ich gefunden in den Dänischen Haven den 18. Julij Tab. F. gezeichnet a,

Das Vierdte Capitel.
Von Hanen Füssen.

Hernach folgen die Hanen Füsse/so auff der Tab. G. gezeichnet mit C. und E. Tab. H. mit C. Tab. I. mit D.

Nachgeschriebene 4. Kräuter sind alle Hanen Füsse/doch an Blättern unter sich unterschieden.

Das erste und vierdte Tab. G. gezeichnet mit C. Tab. I. gezeichnet mit D. kommen an Blättern einander gleich/haben beyde zweyerley Blätter/ die untersten breiter und nicht so tieff eingekerbet/die obersten schmaler und tieffer eingekerbet/sind doch unterschieden/daß das erste nicht so hoch wächst/uñ aus einer Wurtzel viel Blätter herfür bringet / das vierdte aber hat nur einen Stengel/an welchen unten ein Blat an einem langen Stiel hervor schiest. Tab. I. gezeichnet mit D.

Spitsbergischer Reise/

Das vierdte hat gelbe Blumen/ob das erste auch gelbe Blumen hat/wie ich vermuthe/kan ich mich nicht erinnern / auch nicht nachsehen bey den vornehmen Freund Herrn Doct. Kirstenio dem ich das auffgetrücknete Exemplar von diesen Kreutern geschencket.

Des vierdten Blume hat 5. Blätter/fornen breiter unten schmaler / kommen hervor aus einem rauchen Blumen Gehäuß / so in eben so viel Blätter gespaltet ist. Tab. I gezeichnet mit d.

Des ersten Blume hat 6. Blätter seind schmal und klein / das Saamen köpflein ist gleich.

Die Wurtzeln seind unterschieden/des ersten seind fiel kleine Zäserlein/das vierdte hat eine dicker länglichte Wurtzel mit subtilen Zäserlein.

Das Erste brennet auff der Zunge wie Flöhekraut / aber etwas schwächer den hier zu Lande. Tab. G. gezeichnet mit C.

Des vjerdten Krauts blatter / brennet nicht auff der Zunge. Tab. I. gezeichnet mit d.

Das erste habe ich in den Dänschen Hafen häuffig gefunden/ das vierdte auch/blüheten beyde im Monat Juli.

Das ander hat einige andere Blätter den die zwey vorigen/ den die untersten kommen zwar mit den ersten über ein/nur das sie kleiner sind/ die etwas höher sind/die nach den ersten Blättern hervor kommen/sind an den beyden fordersten seiten tieff eingekerbet/also daß das forderste herausstehende blatt beynahe einer Zungen nicht ungleich siehet / die 2 blätter so von den seiten abstehen/ seind nur ein wenig eingekerbet. Tab. G. gezeichnet mit e.

Es findet sich doch auch die Ungleichheit der Blätter an diesem Kraute wie an beyden vorigen / in dem die Blätter so der Blumen am nähesten schmal und tieff eingekerbet sind/und zwar mit zweyen Kerben, und brennet auff der Zunge.

Die Blume ist klein und hat 6. auch wol 7. Blätter/das Saamen Knöpflein ist den vorigen gleich nur daß es kleiner ist.

Die Wurtzel ist der ersten Wurtzel gleich/nur daß sie mehr Zäserlein hat/und ist noch zu mercken, daß aus der Wurtzel gleich wie eine runde dicke Scheide hervor schiest/welche der Stengel umbgibt / gleich wie auch in den vierdten gesehen wird/ nach der Dicke des Stiels.

Ich fand dieß Kraut bey den ersten stehen/in den Dänischen Hafen den 16. July.

Das britte ist noch kleiner aber an Blättern reicher/ sind aber kleiner und nicht so tieff gekerbet/wie wol sie auch vier Kerben haben wie das ander/ an diesen habe ich nicht gefunden die ungleichheit der Blätter/so nahe unter der Blumen sitzen. Tab. H. gezeichnet mit C.

Die

Die Blume ist weiß und hat 5. Blätter.

Sein Saamen Köpflein ist noch nicht zusehen gewest.

Die Wurtzel seind subtile Fäserlein/ich habe es gefunden in den Südhafen den 16. Juli.

Brennet auch auff der Zunge/die Blätter seind dicke und safftig.

Ich habe an demselben Orthe noch einander Pfläntzlein gefunden/diesen in allen gleich/ohne daß die Blumen Purpur farbig war/ und die Blätter nicht also safftig/habs auch deßwegen nicht abgezeichnet.

Das Fünffte Capittel.
Vom Löffel-Kraut.

Dieses ist Löffel-Kraut/ bringet aus einer Wurtzel viel Blätter hervor/ welche sich umb dieselbe in die runde außbreiten / und auff der Erden liegen.

In der mitte dieser Blätter kompt hervor ein Stengel/der viel niedriger wächst/ wie hier zu Lande/mit wenigen Blättern so neben den Asten sitzen.

Dieser Stengel treget weisse Blumen/ von 4. Blättern / wachsen in einer reige viel umb einen Stiel/doch eintzelen über einander / wann eine Blume abfält/ komt die ander wieder hervor.

Wann die Blume vorbey/kombt der Saame hervor/in länglichten Hülsen/wie in der Figur angedeutet als ein Eicheln verschlossen/ dahingegen bey uns der Saame in rundern Hülsen gefunden wird.

Die Wurtzel ist von Farben weiß/etwas dicke und gerade / hat unten subtile Fäserlein.

Dieß Kraut wird häuffig gefunden an den Steinklippen/ wo der Ost und Norden Wind nicht zu starck hinwehet / insonderheit habe ich es vielfältig gefunden in den Süd Englisch und Dänschen Hafen/ in den Dänschen Hafen war das Erdreich gantz grüne davon.

Löffelkraut war das erste Kraut daß ich in Spitzbergen fand / als wir zum ersten mahl ansLande kamen/es war also klein daß ich es kaum vor Löffelkraut kennen konte/hernach aber funden wir es in rechter grösse/ und trug im Monath Juli seinen Saamen

Furnemblich ist zu mercken daß die Blätter dieses Krauts in Spitsbergen wenig schärffe haben/ und daher viel schwächer sind/ denn das Löffelkraut das hier zu Lande wächst / deßwegen auch man daßelbe als einen Salat in Spitsbergen zur Erfrischung isset/welches sich mit unsern Löffelkraut nicht thun läst.

Meine Figur kombt am nehesten mit derselben überein / so in Matthiols Teutschen Kräuterbuch/in des dritten Buchs 35. Capitel abgebildet ist/auff der Tab. H. so bey a zufinden ist.

Das Sechste Capitel.
Kraut als Mauer Pfeffer.

Dieses Kraut ist ohne zweiffel eine Arth von Maurpfeffer/die Blätter aber seind Rauch/nicht so dicke/und nicht so safftig wie unser / brennet auch nichts auff der Zungen wie unser.

Ehe die Blume völlig hervor kompt/ist sie an zusehen wie die Blumen von Wolffs Milch.

Wann sie aber außgebrochen erzeiget sie sich Purpurfärbig/und hat ungleiche Blätter/bißweilen mehrentheils 5. bißweilen habe ich wol 6.Blätter gezehlet/ auch wol 9.

Die Fäserlein in den Blumen habe ich nicht gezehlet.

Den Saamen auch nicht gefunden.

Die Wurtzel ist gar klein und stehet eine Wurtzel nahe der andern.

Dieß Kraut haben wir gefunden auff den niedrigen Insulen des Englischen Hafens.

Wir funden es häuffig unter Moes-Kräuter den 26 Juny.

Auff der Tab. F. gezeichnet mit C. Tab. I. gezeichnet mit a.

Das Siebende Capitel.
Natter-Wurtz.

Dieses Kraut ist ein klein Natter-Wurtz und wächst gar rar in Spitsbergen.

Dessen Krauts unterste Blätter die grösten sind/aber nicht über einen Nagel breit/sitzen an den Stengel eintzelen/ nicht aber über 3. wenn man die untersten Bletter bey seite setzt/je neher der Blumen die Blätter seind/je schmaler werden sie/sie haben inwendig ein wenig vom Rande ab/ viel kleine tupflein nach des Blades runde zertheilet biß an desselben spitze/ an welchen tüpflein sich die Adern verliehren/ferner sind die Blätter an dem eussersten Rande nicht gantz schlecht/ sondern etwas subtil eingebogen.

Aus der Wurtzel spriessen hervor bißweilen eintzele / bißweilen doppelte Stengel/wie in der Figur zusehen ist / und ist, der neben Stengel allezeit etwas niedriger als der Haupt-Stengel.

Die

Die Blume wird gebracht in kolbechten Äherlein / mit vielen kleinen Leibfarben blümlein neben einander gedrungen /die Bluhme war also klein / daß ich die Blätter zu zehlen vergessen.

Der Saame war noch nicht Zeitig.

Die Wurtzel zeiget des Krauts geschlecht an / warumb es Bistorta oder Natterwurtz zu nennen/ denn sie umbgekrümmet in der Erden lieget / ist meist wie ein klein Finger dick da sie am dicksten ist/ hat kleine Fäserlein/ auswendig ist sie Braunlich/ inwendig Leibfarbig/ am geschmack zusammen ziehend.

Das Kraut habe ich gefunden in den Dänschen Hafen den 18. July.

Meine Figur kompt am besten uber ein mit derselben so Kamerar in Matthiols vierdten Buche im dritten Capittel abgebildet.

Auff der Tab. I. gezeichnet mit a.

Das Achte Capitel.
Kraut als Mäuse-Oehrlein.

Dieses Kraut bringet geparte/ einzele/ unzerschnitten überall / rauche und dem Mäuse-öhrlein gleichend Blätter.

Die Stengel wann sie erst heraus schiessen/ seind sie Glat/ werden aber hernach eben so wol rauch/wo die obersten Magern Blätter sitzen/ unten seind sie rund und nicht lang.

Oben auff dem Stengel kompt eine weisse Blume aus ihren Blumenhäußlein hervor/ derer Blätter zahl ich nicht eben beobachtet.

Was es für Saamen bringet / hat die Zeit nicht leiden wollen/ das ich davon möchte schreiben.

Die Wurtzel ist klein/rund und dünne/ mit kleinen Fäserlein.

Es scheinet als wenn dieß Kräutlein zu den Rauchichten Hünerbissen gehöret/und möchte vielleicht das dritte oder vierdte geschlecht seyn der Harichten Hünerbissen des Herrn Dodons/in seines Kräuterbuchs ersten Lateinischen Fünfftes andern Buchs zehenden Capitel/wann die Blätter nur nicht an denselben eingekerbet weil das unserige wie gesaget unzerkerbete Blätter hat.

Ich samblete dieß Kraut in den Süd-Hafen den 17. July.

Auff der Tab. G. soll man suchen. d.

Das Neundte Capitel.
Kraut als Singrün.

Dieses Kraut fladert auf der Erden und bringet rundlichte Blätter / zwey und zwey auff niedrigen Stengeln.

Die Blätter gleichen sich meines erachtens / des Jngrüns Blättern / aber sie sind etwas runder / und vornen sind die grösten eingebogen.

Der Stengel ist etwas knotig und Holtzig.

Die Blume läst sich erstlich ansehen als ob es ein Blat seyn soll / nach dem sie aber weiter heraus kompt / siehet man daß es sein Blume seyn soll / sie kommet aber zwischen den Blättern hervor an denselben Stiel.

Von was Farben die Blume recht gestalt sey / habe ich zu der Zeit weil sie noch nicht vollends hervor war nicht sehen mögen / viel weniger habe ich den Samen samblen können.

Die Wurtzel ist lang / dün / rund und Holtzig auch knotig / unten hat sie subtile gedoppelte Fäserlein.

Jst gefunden in der Süd Bay hinter der Harlinger Kocherey den 19. Juny und 17. July.

Weil die Blume an diesem Kraute sambt den Saamen noch nicht zusehen gewesen ist / auch vielleicht noch mehr Bletter hervor kommen mögen / kan man nicht eigentlich wissen / ob es sey pyrola minima von Hr. Klusen abgemahlet und beschrieben im fünfften Buche seiner Raren Pflantzen im 20. Capitel / oder aber ob es seyn möchte Pſeudochamæ Buxus des Eichſtädtſchen Gartens ſo von Kluſen im gedachten erſten Buche im 72. Capitel unter dem Nahmen Anonymos Coluteæ flore abgemahlet und eigentlich beschrieben wird / und von Kamerar in seinen Garten unter dem Nahmen Anonymos Pervincæ folio angewiesen wird.

Auff der Tab. G. ist gezeichnet mit b.

Das Zehende Capitel.

Erdbeer-Kraut.

Dieses Kräutlein kompt mit den Blättern den Erdberen gleich / denn es hat drey gekerbte Blätter am Ausgang der Stengel / und seine Blume hat meistentheils 5. Bláteer (selten 4.) und bekompt wie im Anfang einer Erdbeer / die Stengel seynd rund und rauch wie die Blätter.

An den Stengeln / auff welchen die Blätter herfür kommen / siehet man 2. Blätter gegen einander über ungleicher Gestalt und Grösse / denn das eine wie ein Hand aussiehet / das ander wie ein Finger / die Grösse seynd unter sich auch nicht gleich / denn etliche 3. Finger / etliche mehr haben.

Die Blume ist von Farben gelb / die Blätter der Blumen seynd rundlecht / haben inwendig ihre Fäserlein / wie viel habe ich nicht beobachtet.

Die Wurtzel ist Holtzicht / etwas dicke mit kleinen Fäserlein / obenwerts etwas schuppicht / kam mir vor von Geschmack trucken und zusammen ziehend wie Tormentill.

In den Kräuterbüchern so ich bey H. Doctor Fogel durchgesuchet / find ich keine Figur gleicher diesem Kraute / als welche von Lobel unter den Nahmen Fragraria silvestris minimè vesca sive sterilis, und in dem allgemeinen Iserdumischen Pflantzen-Buch in des 17. Buchs 70. Cap. unter dem Nahmen Fragaria non fragifera vel non vesca vorgebildet wird / doch ist an den Blättern und Blumen ein Unterscheid / dann die Blätter in meinem Kraut etwas tieffer eingekerbet seynd / und die Blume an jenem weiß ist.

Auff der Tab. H. so mit b. gezeichnet.

Das Eilffte Capittel.

Von Klippen-Kräutern.

Dieses Kraut gehöret unter dieselben / so von den Holländern Wier genennet werden / und zu Latein Vilcus,

Hat einen breiten Stengel / als wenn es Blätter wären / jedoch gehen aus desselben gleich breitige Blätter vielfältig heraus / wie Ast an Bäumen / oben auff den Gipffeln der Stengel siehet man schmale länglichte kleine Blätlein an der Zahl ungleich / als einige haben 5: einige 7. Blätlein / von Farben Gelb / wie das Kraut / und durchsichtig als ungekochter Leim / weiß nicht / ob es für seine Blume zu halten sey.

Bey denselben Blättern wachsen noch andere länglichte Blätter heraus / seynd hohl auffgeblasen / und sind inwendig voll Wind / auff welchen rund herumb viel kleine Bläselein dicht aneinander ligen / die auffgeblasene Blätter haben nichtes in sich als Wind / da wie ich sie zusammen druckte / gaben sie einen kleinen Knall von sich / die kleinen Bläßlein darauff / ob sie Samen in sich haben / habe ich nicht beobachten können.

Die Schiffleute berichten mir / daß von dem Samen des Krauts die kleinen Meer-Schnecken / so der Wallfisch essen soll / ihren Uhrsprung haben / ich weiß aber nicht gewisse / ob sie aus solchen Bläßlein / oder wie unser Schnecken / aus Eyern hervor kommen.

Mochte seyn / gleich wie wir bey uns auff vielen Blättern viel Bläßlein finden / mit Würmen Samen angefüllet / daraus allerley Würm wachsen / doch wil ich nichts hievon bejahen / weil ich es selber genauer anzumercken / keine Gelegenheit gehabt.

Spitsbergische Reise/

Die Wurtzel wächst aus den Steinen/ deßwegen ich es auch Klippen-Kraut genandt/ hat einige Fäserlein/ und ist bißweilen rund/ diß Kraut habe ich vielfältig gefunden zu erst in der Südbey (Südhafen) bey der Harlinger Kocherey/ da man das Waßer samblet/ hernacher bey dem Muschel-Hafen in Spitzbergen: Hernacher auff der Insel Calis in Hispanien.

Dieses Kraut/ wann es trucken wird/ ist es braun und schwartzlich/ nassen all gesampt bey Süd- und Westlichen Winden) wegen des Saltzes/ bey Ost-und und Norden-Winden seynd sie gantz steiff und trucken.

Unter denen Figuren/ so ich gesehen/ finde ich kein gleicher/ als die im 39 Buch am 50 Capitel des Iferdunischen Kräuter-Buchs abgemahlet ist Alga Marina Platyceros porosa, genandt wird/ nur daß diese Löchericht und weiß ist.

Tab. F. gezeichnet mit B.

Des grossen Klippen-Kraut Blätter gleichen sich am nähesten einer Menschen-Zunge/ das Blat an beyden Seiten ist kraus/ fornen aber schlecht ohne Krausen in der Mitte des Blats gehen 2 schwartze Striche biß an den Stiel/ außwendig derselben sitzen viel schwärtze Flecken/ inwendig des schwartzen Striches/ von beyden Seiten biß an den mittelsten breiten schlechten Strich/ ist das Kraut mit kleinen Krausen gezieret/ in der Mitte ist es gantz glat biß zu dem Stiel hinaus/ am Ende des Blats/ vor dem Stiel/ gehen 2. weisse Striche meist biß an die Mitte des Blats/ seynd rund außwerts gebogen/ daß/ wann sie recht zugeschlossen wären/ wären sie Eis rund.

Das Blatt ist über Manns länge und Gelbe/ der Stiel ist noch etwas länger/ also daß die gantze Pflantze/ wie sie gehangen wurde hinten am Schiffe bey den grossen Fahnen-stock/ hing sie biß an das Steur hinunter/ der Stengel ist rund und glat von Farben/ gelb wie ungekochter Leim/ bey der Wurtzel ist er dicker als bey dem Blade/ und riecht wie Muscheln.

Die Wurtzel hat viel absätze mit ihren neben schossen/ sind feste an Stein-klippen unter Waßer.

Dieß Kraut stehet gantz unter Waßer/ das es davon bedecket wird etlich Fadem tieff.

Wie wir das Ancker lichten/ wurde es häuffig aus der Grund mit dem Ancker gerissen/ hetten es sonst nicht bekommen können.

Mit diesem Kraute wurd auch zugleich außgerissen daß nebenstehende Haarig Kraut eines Mannes hoch/ vergleicht sich gar wol einem Roßschwantz/ ohne das es hin und wieder kleine Häcklein hatte/ als ein Haar daß voller Milben sitzt/ oder die an den Ecken gespalten seynd/ von Farben war dieß gantze gewächs bräunlicher als das vorige/ an welches auch seine Wurtzel fäste war.

In

5. Cap.   Dritten Theils/ von Kräutern.

In diesem Gewächse waren häuffig eingeflochten einige röthlige Würmer/ wie Raupen anzusehen/ mit vielen Füssen/ wie zusehen in der Tafel P gezeichnet 1.

Mir kompt das Kraut vor als Flachseiden Kraut / dieweil es in aller gestalt sich darnach gleichet/ möchte derohalben Stein oder Wasser Seide genennet werden.

Unter denen Figuren von Kräutern/ so gedruckt seynd/ finde ich sehr nahe kommen/ das harechte Gewächs/ derjenigen/ welches Anton Donat in seinem Büchlein von den Gewächsen/ so sich umb Venedig finden / im andern Buche genennet hat/ Muscum Argenteum Marinum, similem Plumæ, aber meines ist nicht Silberweiß/ sondern gelbe oder braunlich.

Diese beyde Kräuter haben wir häuffig gefunden/ in den Südhaven (Südbay genandt) den 20. und 21. Julij.

Es wird noch ein Meers Kraut/ so ich Meers Graß nenne/ in den Englischen Haven häuffig unter Wasser gefunden wol 4. Ellen lang.

Die Blätter waren wol 2. biß 3. Finger breit/ von Farben gelb wie ein Leim/ durchsichtig oben stumpff zugehend ohne Kerben/ ohne Stacheln / schlecht und glat überall/ aus der Wurtzel gingen Blätter heraus / und umb dieselbe her/ und zwar aus einem Loche. Tab. I gezeichnet mit B. C.

Ende deß Dritten Theils.

Spitsbergischer Reise
Vierdter Theil/
Von den Thieren auff Spitsbergen.
Vorrede/
Von den Thieren: insonderheit/ von den Vogeln ins gemein.

Die Tiere so sich in Spitsbergen auffhalten und von mir betrachtet/ seynd entweder 2 füssige oder vierfüssige Thiere.

Bey Spitsbergen herumb aber halten sich etliche Thiere alleine im Wasser auff/ haben keine Füsse (es sey denn daß man die Floß-

Floßfedern sonst Finnen genant / so bey der Brust sitzen / auch für Füsse halten wolte / dieweil sie / wie hernach sol gesaget werden / wie Füsse unter einer Haut gegliedert sind.)

Etliche halten sich im Wasser und zugleich auff dem Eise und Lande auff/ und sind entweder 2 füssige oder 4 füssige Thiere.

Wir wollen den Anfang machen von den 2 füssigen oder Vögeln/ deren sich die meisten im Wasser aufhalten/ weiniger aber auff dem Eise und Lande allein.

Das Erste Capittel
Von Spaltfüssigen Vögeln.

Von den Land-Vögeln habe ich nur eine Art gemercket/ nemlich Schnepfen.

1. Schnepfe.

Die Schnepfe so auch Strandläuffer genand wird (weil er am Strande läufft) ist nicht grösser als eine Lerche.

Sein Schnabel ist schmal und dün / eckigt dabey. An den unserigen Schnepfen aber ist der vorder theil des Schnabels breit und rundlich / mit zacken und löchern wie eine Raspel da man das Holtz mit feilet / ist sonst den Spitzbergischen gleich auch also getheilet/ so das der ober gantze Schnabel/ einer Raspel mit dem Stiel gleich scheinet.

Unsere Schnepffen aber sind grösser als die Spitsbergischen.

Der obere theil so wol als der untere ist viereckigt / von farben braunlich/ mag 2. Zoll lang seyn.

Der Kopff ist rundlicht/einerley dicke mit dem Halse.

Die Füsse haben 3. gantz zerspaltene vorder Zehen/und einen hinter Zehen der gar kurtz ist.

Die Beine seind nicht gar hoch.

Von Farben/ist er als eine Lerche /wann aber die Sonne darauff/scheinet es blau durch/ ist gleich wie man an einer Enten mercket zweyerley Farben wann die Sonne darauff scheinet.

Sie essen die kleinen grauen Würm und Garnellen.

Wir schossen sie bey der Harlinger Kocherey / in den Südhafen (oder Südbay) sie kamen mir vor wegen ihrer bräunlichen Farbe als Feldtmäuse.

Ihr geschmack war nicht Fischhafftig.

Tab. k. gezeichnet mit a.

2. Schnee

2. Schnee-Vogel.

Der Schnee-Vogel ist ein kleiner Vogel als ein Sperling/ dem Grauirschen von Leibe/ Schnabel und Farben am ehnlichsten.

Denn der Schnabel ist kurtz und spitzig/ der Kopff ist einerley dicke mit dem Halse.

Die Füsse seind auch den Grauirschen ehnlich/ sind gespalten in drey vorder Zehen/ mit länglichten krummen Nägel/ der hinter Zehen ist etwas kurtzer/ aber mit längern krummen Nägel.

Die Beine seind graulich/ und nicht gar hoch.

Die Farbe vom Kopffe an über den Bauch biß zum Schwantz zu/ ist Schneeweiß/ oben aber auff den gantzen Rücken auch Flügel ist er grau.

Etliche dieser Arth sind gantz grau/ doch kleiner.

Ich habe von seinem Gesang nichtes zu sagen als das er ein wenig pfeifft/ wie die Vogel zu thun pflegen/ wann sie hungerig sind.

Wie wir am Eiß siegelten kamen sie häuffig zu uns auff den Schiffe fliegen/ bey Johan Mayen Eyland/ sie waren so zahm das man sie mit Händen greiffen konte.

Sie lieffen auff dem Eise/ wor ich sie alleine gesehen und nicht auff dem Lande/ daher sie auch Schnee-Vogel genennet werden.

Sie hielten sich so lange bey unser Schiff biß wir den ersten Walfisch gefangen/ hernacher wurden sie von den andern Vogeln verjaget.

Wir speiseten sie mit Grütze davon sie sich auff das Schiff erhielten/ hernach wie sie sat gegessen/ liessen sie sich nicht mehr greiffen.

Wir setzten etliche in ein Baur in des Schiffes Kammer (Kojüte genant) wolten aber nicht leben.

Es wurden einige davon gespeiset/ die von geschmack nicht unangenehm/ wahren aber sehr mager.

Wenn ich meine Meynung sagen soll/ warumb diese Vögel auff die Schiffe fliegen kommen/ so halte ich davor/ daß sie von Ißland verirret/ und Hungers wegen auff den Schiffen ihre Nahrung suchen.

Tab. k. gezeichnet b.

3. Eiß-Vogel.

Ich habe auch im Englischen Hafen einen schönen Eiß-Vogel gesehen den wir fast mit den Händen hätten greiffen können/ wir wolten seiner verschonen/

nen daß wir ihm mit der Bückſen nicht gar zu nichte möchten ſchieſſen / wegen ſeiner ſchönen Federn / er entwiſchte uns aber nach dem auff ihm verfehlten Schuß.

Es war eben Sonnenſchein daher er wie Gold ſchien / daß einem die Augen erſtarreten.

War groß wie eine kleine Taube.

Hette ihn gerne abgeriſſen / wenn wir ihn hetten bekommen mögen.

Ich habe auch nicht mehr als den einen in Spitsbergen geſehen.

Das Ander Capittel.
Von den Breitfüſſigen oder Unſpattfüſſigen Vögeln.

Von dieſen ſeind unterſchiedliche Arthen welche ſich auff und bey Spitsbergen halten.

Etliche haben dünne und unzertheilte ſpitzige Schnabel / etliche dicke Schnabel.

Die dickſchnablichte haben einige zertheilte Schnabel wie die Mallemucke / andere unzertheilete Pucklichte Schnabel als der ſo genandte Papagey.

Es iſt auch ein mercklich unterſcheid an den hinder zehen dieſer Vogel.

Dann etliche dergleichen Zähen haben wie die Berganten / Kirrmeyen und Mallemucken.

Etliche haben ihn gar nicht / wie der Bürgermeiſter / Rathsherr / Struntjager Kutye gehſ / Papagey / Lumbe / die ſo genandte Taube und Rotges.

Auff ihren Federn hefftet kein Waſſer wie an Schwanen / und dergleichen / denn das Waſſer rinnet davon als wen es Oehle wär.

Etliche ſind Raub-Vögel andere nicht.

Ihr Fliegen iſt auch unterſchiedlich.

Etliche wie die Rephünlein / als die ſo genannte tauch Taube / andere als Schwalben / als die Lumben und Rötges / andere als Mewe / als der Mallemucke / andere wie Storche als der Burgermeiſter / andere als die Mewen / als der Rathsherr / Struntjager / und Mallemucke.

Die Raub-Vogel ſeind der Bürgermeiſter / Rathsherr / Struntiager / Kutye gehſ und Mallemucke.

Es iſt auch groſſer unterſcheid an ihrem Fleiſche.

Die Raub-Vogel ſind nicht ſo gut zu genieſſen als die andern / man hengeſie

Cap. 2. 4ten Theils Von breit- oder unspattfüssigen Vögeln.

sie den zuvorn etliche Tage bey den Füssen auff das der Trahn von sierinnet/ und sie von der Lufft durchgewehet werden/ so schmecket man den Trahn so sonderlich nicht/ sonsten erwecket es ein Brechen.

Die so genannte Taube/ Papagey/ Rotgense und Anten haben wol das meiste Fleisch/ die alten Lumben haben gantz zähe und dürr Fleisch/ Rotges/ Kirrmewe/ junge Lumben unveracht/ wann sie gekochet seynd/ daß man die feiste davon genommen und hernach in Butter gebraten/ lassen sie sich wol essen/ denn so ihre Feiste mit gessen/ würde sich leicht ein Brechen erregen/ und grosse güsse des Magens verursachen.

Diese Vögel ausgenommen die Kirrmewe/ Struntjager/ Bergante/ nesten alle hoch an den Steinklippen/ da sie für die Füchsen und Beren sicher sind.

Einer aber nestet höher denn der ander.

Sie sitzen also häuffig an den Steinklippen zu der Zeit wann sie junge außbrüten/ als im letzten Junii und Julii/ daß/ wann sie auffliegen/ und die Sonne scheinet/ beschatten sie das Erdreich/ als wann eine Wolcke vor die Sonne schwebet/ und schreyen daß ein Mensch kaum den andern hören kan.

Die Kirrmewe und Berganten/ auch der Struntjager nesten auff niedrig Land (daß man gedencken solte/ wannn hohe Fluten da wären/ das Wasser darüber striche) auff den kleinen Insulen/ da sie wol für die Füchse/ aber nicht leicht für die weisse Beren sicher seynd/ weil sie im Wasser von der einen zu der andern Insel schwimmen/ und man samlet ihre Eyer in grosser Menge.

Die Nester dieser Vögel seynd nicht auff einerley Art gemachet.

Dann die Bergante bereitet ihre Nester von den Federn ihres Leibes/ und vermenget sie mit Moß/ und brutet darauff die Junge aus.

Es sind aber die Nest-Federn nicht der Edder-Dun der aus Ißland zu uns bracht wird/ welcher von grossen Vögeln kombt (den die Einwohner daselbst Edder nennen) welcher/ so er von den Moß gereinigt/ ein Pfund ein Thaler gilt/ wie ich vernommen.

Der Spitsbergischen Berganten Dublis-Feder aber/ so man Dunen nennet/ stopffen die Schiff-Leute in Küssen und Bult-Säcken/ welche/ so sie gereiniget/ mehr werth seyn konten.

Die Kirrmewe aber leget ihre Eyer auff Moß/ wie auch die Rotges thun.

Der andern Vögel ihre Nester seynd uns zu hoch gelegen/ daß man schwerlich dabey kommen kan.   Wann es gleich noch so finster von Nebel ist/ weiß ein ieder Vogel sein Nest wieder zu finden/ und flieget gerade darauff zu.

Was die Namen der Vogel anbelanget/ habe ich mich bedienet derer/ so ihnen von den Schiff-Leuten nach Gutdüncken gegeben/ damit sie derselbe der sie mit solchen Namen nennen höret/ auch hierin zu suchen wisse. Etli-

Etliche dieser Vögel als Lumben/Struntiager/Mallemucke/Kirrmewe und die Mewen Kutyegesen/hab ich auch gesehen umb Engelland/Schottland und Jrrland/ auch in der Hispanischen See/ habe auch auff der Elbe bey Hamburg die Kirrmewe und Kutyegef hören schreyen/ es ist aber ein Unterscheid/ wie unter den Menschen und Vieh in andern Ländern.

1. Rathsherr.

Erstlich vom Rathsherrn/unter denen Dunschnablichten und dreyzehigen Vogeln/kombt zu erst vor derselbe so von den Schiff-Leuten Rathsherr genannt ist/weil er ein schöner Vogel/aber kleiner/ den sie Bürgermeister nennen.

Dieser Vogel hat einen scharffen/schmalen und dünnen Schnabel/ und hat nur drey Zehen/ welche aneinander durch eine schwartze Haut häncken/ hat aber hinten keinen Zehen.

Die Beine seynd nicht sonderlich hoch von Farben schwartz.

Die Augen sind auch schwartz.

Der Vogel ist weisser dann der Schnee/ denn wenn man ihn auff dem Eise siehet/kan man ihm von Schnee unterscheiden.

Es stehet absonderlich schön die Weisse des Leibes gegen den schwartzen Schnabel/schwartzen Augen/schwartzen Beinen und Füssen/ ohn daß der Leib an sich wol gestaltet ist.

Der Schwantz ist etwas lang und breit/ wie die Weyher/ so das Frauen-Zimmer trägt.

Er schreyet etwas gröber als die kleinen Kirrmewen/als wenn er Karr sagte/ da jene Kirr sagen/und breitet/wann er flieget/die Flügel aus als der Struntiager oder wie eine Krähe.

Er ruhet nicht gerne auff dem Wasser/wie die andern Vögel thun/und netzet die Füsse nicht gerne/bleibet viel lieber im trucken/ frist aber gerne die Fische/ gehts ihm derowegen wie den Katzen/davon man im gemeinen Sprichwort saget/die Katze isset gerne Fische/wil aber die Füsse nicht netzen.

Ich habe gesehen daß er auff dem Eise von dem dreck des Wallrosses gessen/ auff dessen Leibe ungeachtet das er lebte/er sich gesetzt/ wie auch hier zu Lande solches gesehen wird/daß sich die Raben auff lebendig Vieh setzen. Er flieget meist allein/beym Raube aber versamlen sie sich häuffig.

Ich habe ihn abgerissen bey den gachen Huck (Flacke Pont genandt) in Spitsbergen/ den 10. Juli da wir ihn schossen/ er war gantz nicht wild/ so daß ich ihm mit der Büchsen hätte schlagen können. (Tab. L mit a gezeichnet.

2. Taube.

Die so genannte Taube/ so man besser Taubetaucher nennen mochte/ ist einer mit von den schönsten Vögeln in Spitsbergen.

Ist

Ist groß als ein kleine Endte.

Der Schnabel ist länglich / dünne / gehet spitzig zu/ am Ende aber ist der ober Schnabel etwas umbgebogen/ ist 2 Zoll lang/ und inwendig hol.

Hat drey rothe Zähen an seinen Füssen/ mit krummen Nägeln.

Hat nur kurtze röhtliche Beine.

Hat auch einen kurtzen stumpfen Schwantz.

Etliche dieser Vögel sind gantz schwartz am Leibe.

Etliche aber gleich wie der den ich hier vorgebildet/ war an den Flügeln in der Mitte/ weiß mit schwartz eingesprenckelt/ unter den Flügeln aber gantz weis.

Etliche aber sind in der Mitte der Flügel gantz weis.

Der Schnabe inwendig ist roth.

Die Zunge ist roth und außgeholet.

Sie pfeiffen als junge Tauben / daher man auch den Nahmen ihnen gegeben / mit welchen sie sonsten nichts gemein haben.

In ihren Magen habe ich gefunden/ stücke von Garnellen (ins gemein Kraben genent) auch kleine Sandsteinlein/ das ich sie leicht erkennen könte.

Sie fliegen nicht hoch von dem Meer / und kommen mit ihren flug den Rephünern am ehnlichsten.

Sie fliegen nicht gar häuffig wie die Lumben / je par bey paren oder 1 allein.

Sie halten sich lange unter Wasser / daher sie Täucher Tauben können genennet werden.

Insonderheit aber wan sie von Menschen gejaget werden / oder die Flügel von schiessen getroffen seind / tauchen sie lange unter Wasser / und kommen zu weilen unter das Eiß / daß sie drunter ersticken / sind so geschwind unter Wasser (das wan ihnen die Flügel oder Füsse nicht gantz abgeschossen seind) als wir mit kleinen Fahrzeüg (oder Schlupen) rudern kondten.

Ihr Fleisch ist wohl zu essen / wan das Fett im kochen davon gefüllet/ hernach in Butter gebraten.

Den ersten Vogel oder die Täucher Taube / bekam ich den 23 May im Eise / hernach bey Spitsbergen / da man sie häufftiger sahe. Tab. L. gezeichnet mit b

3. Lumbe.

Dieser Vogel kompt den Tauben-Taucher am Schnabel am gleichsten/ nur das er was starcker und krummer ist.

Hat schwartze Füsse / auch mit 3 Zähen / und so viel schwartzen Klawen

Die Beine sind auch schwartz und kurtz.

Ist oben gantz schwartz.

Unter dem Leibe aber bis an den Halß schneweiß

Der Schwantz ist stumpff.

Hat eine ungemeine Stimme dem Rabengeschrey am ehnlichsten / sie schreien aber am meisten unter allen Vögeln nach den Rotger-Tauchern / ist auch grösser als der Taube Täucher / wie eine mittelmässige Ente.

In ihren Magen habe ich gefunden kleine Fische und rothe Garnellen / und etliche Sandsteine.

Wie ich dann solche vollenkomlich erkant / nachdem eine Lumbe im fliegen eine grosse rothe Krabbe auff das Schiff fallen ließ / welche ich auch an gemeldten Orthe abgerissen.

Man saget daß kleine Fische in süssen Wasser auch ihr speisen seyn / kan aber solches nicht für gewiß außgeben.

Wan sie Jungen haben / sitzen sie gemeiniglich ein oder zwey bey den Alten aufn Wasser / und lernen das tauchen und schwimmen von ihnen.

Wan die Alten zuvor die Jungen von den Bergen im Munde ins Wasser getragen / der Raubvogel Burgermeister genant / erhaschet zu zeiten die jungen Lumben / wan die alten nicht darbey sind / auch wohl in ihre Gegenwart weil sie sich gegen ihm nicht wehren können.

Sie lieben ihre jungen also / das / ehe sie dieselbe verlassen / lassen sie sich mit den jungen zu tode schlagen (und wollen sie verthedigen wie eine Gluckhenne ihre Küchlein / also schwimmen sie umb ihre jungen) da sie sonst am ärgsten zu schiessen seynd.

Denn / wenn sie Feuer sehen / seynd sie schon unter Wasser / oder fliegen davon.

Sie fliegen bey gantzen Troppen / mit spitzigen Flügeln als die Schwalben / und bewegen sich viel.

Man kan die jungen Lumben schwerlich von den alten unterscheiden im geschwinden Ansehen / wann man nicht genau auff den Schnabel siehet.

Denn der oberste Theil wächst dem untern forten an der Spitze vorbey / und der unterst den obern / wie an den Kreutz-Vögeln mercklicher zu sehen ist bey diesen aber nicht so viel / welches von andern Vogeln auch zu verstehen ist / und geschicht gemeiniglich in 15. 16. biß 20. Jahr ihres Alters.

Die Alten haben wol viel Fleisch / es ist aber dürre und zähe / und daher widerlich zugeniessen.

Man kochet sie wie die Tauben / man füllet die Fettigkeit im auffsieden ab / und bratet sie hernach in Butter.

Ich

Ich habe ihn auff dem Eise nicht gesehen/aber wol an den Bergen von der einen Seite zur andern wacklend gehend als die Tauch-Täuben auff dem Eise.

Ich habe sie bey tausenden in den Dänschen Hafen an den Bergen gesehen/da Ost und Norden Wind nicht zu hart auffwähet (wie die andern Vögeln solche Oerter an den Bergen für ihre Wohnungen erwählen) an den Orten da die Kräuter wachsen.

Nicht aber so häuffig bey den Magdalenen Hafen/ da ich den 25. Julii (welchen ich den Leser vor Augen stelle) abgerissen habe/

Nach der Zeit habe ich sie auch forne in der Hispanischen und in der Nord See gesehen/nicht ferne vom Heiligen Land. (Tab. M gezeichnet mit a.)

4. Mewe/ die man Kutge Gehf nennet.

Ist eine schöne Mewe/ welche von ihrem Geschrey Kutge Gehf genennet wird.

Er hat einen etwas gebognen Schnabel/ wie der Burgermeister/ davon wir bald wollen reden.

Am untersten Theil seines Schnabels auch eine geringe Erhöhung.

Umb seine schwartze Augen her hat er auch einen roten Ring/wie der Burgermeister.

Hat auch nur drey Zähen mit einer schwartzen Haut an einander gefüget.

Die Beine seynd auch schwartz nicht hoch.

Der Schwantz ist etwas lang und breit wie ein Weyher.

Der gantze Leib ist Schneeweiß.

Der Rücken ist grau sambt den Fittichen / am Ende aber seynd die Fittich schwartz.

Er ist groß wie eine rechte Mewe/aber ein wenig kleiner als der Struntjager/dessen wir auch balde gedencken wollen.

Wenn man das Speck von Walfischen schneidet/siehet man sehr viel beym Schiffe fliegen/und höret sie schreyen.

Wann die Schiff-Leute sie fangen / stecken sie auff den Angel ein stücke Speck vom Walfische/und an den Angel Bindgarn/werffens also ins Meer/ daran bleiben diese nicht allein/sondern auch die andern Raub-Vögel an behangen wie ein Fisch.

Er flieget mit schmalen Flügeln als eine Mewe/und tauchet nicht.

Ihre Speise siehet man für Augen/nemlich Walfisch Speck.

Er wird gejaget vom Struntjager / welcher von ihm nicht läst biß das er seinen dreck fallen läst/welchen der Struntjager isset.

Dieses wolt ich zu erst nicht glauben/habe es aber hernacher offters gesehen.

Den ich abgerissen/ haben unsere Schiffs-Jungens mit einen Angel auff gesagter weise gefangen in den Süd-Hafen.

Ich habe sonderlich gemercket an diesem Vogel daß er auff dem Waßer treibet/und hält den Kopff gegen den Wind / wenn es auch noch so sehr sturmet/auff welcher weise wir sie häuffig auff dem Waßer sitzend gefunden.

Welches nicht allein von diesen Vogel zu verstehen ist / sondern von andern auch/denn sie sehen in den Wind / das ihnen die Federn nicht rauch oder krauß wehen/welches wann sie mit dem Wind sitzen/ ihre Federn von den kalten Winden von einander gewehet werden / das ihnen vielleicht schädlich zu ihrer gesundheit/ denn mit ihren Federn seyn sie bekleidet / wie ein Mensch mit Kleidern bekleidet ist.

Und so sie auffliegen dringen sie mit ihren Leibern gegen den Wind/und breiten die Flügel aus fliegen also schnelle davon / da ihnen sonst ihre Federn verwehet werden / das sie keinen gewissen flug haben sondern wackelnd fliegen als ein Vogel der erst fliegen lernet.

Es ist wenig fleisch an ihnen zu essen / man isset nur an ihnen die Keulen und Brust/die Flügel seind gantz mager.

Man pflegt im Sprichwort zu sagen / du bist so leicht als eine Mewe / das mag man insonderheit an dieser Mewen sehen.

Nach der Zeit habe ich sie in der Hispanischen See gesehen / wie auch in der Nord-See / dennoch ist ein unterscheid / wie an Menschen und Vieh in andern Ländern zu sehen ist. Tab. N. gezeichnet mit a.

5. Bürgermeister.

Der Bürgermeister ist der grössest unter den Spitsbergischen Vogeln/daher ihm als dem vornehmsten dieser Nahme auch gegeben.

Sein Schnabel ist gebogen/ von Farben gelb/schmal und dicke.

Am untersten theil desselben/beim ende ist er etwas erhoben und pucklicht weit mehr als der Kutge gehff/stehet zierlich als wenn er eine Kirsche darin hette.

Hat länglichte Nasen-Löcher.

Hat einen roten Ring umb seine Augen/wie bey der Kutge Gehf gedacht ist.

Hat auch nur drey Zähen von Farben grau/nicht so hoch wie Storch Beine/dem er wol an Größe fast gleich ist.

Die Beine sind grau.

Sein Schwantz ist breit wie ein Weyher und weiß/ welche Breite insonderheit an diesen Vogeln/wann sie fliegen/zu verstehen ist.

Die

Cap. 2.   Vierdten Theils/von den breitfüsigen Vögeln.   61

Die Fittich sind aber bleichblau biß über den gantzen Rücken/am Ende aber seynd sie weiß

Der gantze Leib ist weiß.

Er nistet sehr hoch an den Stein-Klippen in den Ritzen/ da man sie weder schiessen noch auff andre Weise bekommen kan/ habe auch daher ihre Nester nicht sehen mögen.

Ihre Jungen habe ich von 2 biß 4.bey einander gesehen.

Man schiesset sie am meisten wann man ein todten Walfisch hinter dem Schiffe herschlept/wobey sie sich häuffig finden/ und beissen grosse Stücke aus dem Specke des Walfisches/sonsten muß man sie von ferne schiessen/ wie andere wilde Vögel, als Raben/Reiger und dergleichen.

Er schreyet/daß es klinget/wie ich von etlichen Raben dergleichen Klang gemercket habe.

Er schwebt in der Lufft wie die Storche.

Er nähret sich vom Raube der jungen Lumben/wie der Habicht allerhand Geflügel raubet.

Isset sonsten auch das Speck von Walfischen/ davon er wol Stücke wie eine Hand groß ungekäuet einschluckt.

Vor ihm scheuen sich die Mallemucken/und gehen vor ihm liegen (wann sie auff ein Walsischs Aaß sitzen) denn er sie beisset am Halse / welches ihnen wol nicht wehe thut/weil sie dickhäutig seynd/ sonsten würden sie sich gegen ihm zur Wehr stellen/oder davon fliegen/ sie kehren sich aber an nichtes und versäumen darumb ihre Mahlzeit nicht.

Ich habe ihn auch bey den Wall Rossen gesehen/ deren Dreck er gegessen/ unangesehen seines Standes.

Flieget meist allein/es sey denn daß sie beym Raube seyn.

Er ruhet gerne auff dem Wasser/taucht aber nicht.

Wir schossen einen bey den Wall Rossen vor dem Weihegat den 10. Julii/wornach dieser abgerissen.   (Tab. L gezeichnet mit c.)

6. Rotges.

Dieser Vogel ist ein Taucher/ und möchte besser Rotges Taucher genennet werden.

Sein Schnabel ist krumb gebogen/ aber kurtz/ etwas dicke/ von Farben schwartz.

Die Füsse haben auch nur drey Zähen mit so viel schwartzen Nägeln/seynd schwartz sambt der zwischen Haut.

H iij   Die

Die Beine seynd kurtz und schwartz.

Sie seynd meistentheils schwartz.

Am Bauche weiß.

Etliche dieser Art seynd an den Flügeln sprencklich weiß und schwartz wie die Tauben-Taucher.

Auff ihren Federn hefftet kein Wasser wie an Schwanen/ seynd mehrentheils wie Haar auff einer dicken Haut.

Der Schwantz ist kurtz und stumpf.

Sie kommen sonst den Schwalben an Leibesgestalt gleich/ ich sahe sie erst für Schwalben an/ weil sie wie Schwalben fliegen.

Sie fliegen aber so häuffig bey einander als die Schwalben/ wann sie sich gegen den Winter verbergen wollen.

Er gehet wacklend von der einen seite zur andern/ wie die Taucher in gemein.

Sie schreyen gantz hell Rottet tet/ tet/ tet/ tet/ erstlich hoch und allgemach niedriger.

Welches Geschrey Ursache ihres Nahmens gegeben.

Sie machen das meiste Geschrey vor andern Vögeln/ weil ihre Stimme höher als der andern Vögel Stimme lautet/ denen aber die Lumben nicht nachgeben und gröber schreyen/ Burgermeister/ Rathsherr und die gantze Spitsbergische Vogel Rotte stimmen mit ein/ daß ein Mensche den andern kaum hören kan.

Der Rotges geschrey unter einander lautet von ferne/ als wenn man die Weiber von ferne untereinander Zancken höret.

Seind grösser als Sprehn.

Sie nesten wol in den Ritzen der Berge/ aber nicht alle/ denn etliche nesten auff den Hügeln der Berge/ da man ihre Nester von Most zubereitet findet.

Ihre Jungen schlugen wir mit stöcken.

Seine speisen seind die grauen Krabbe vormichten Würmer/ welche darunter abgebildet seynd.

Item sie essen auch die rothen Krabben oder Garnellen.

Den ersten bekamen wir im Eise den 29. May/ hernacher die andern davon bey Spitsbergen.

Seynd in der speise nechst den Strandtläuffer die besten/ haben dickfleisch und innerlich viel Feiste.

Man kochet und bratet sie wie daroben gesaget von den andern Vogeln. Tab. M. gezeichnet mit b.

6. Strunt=

7. Struntjager.

Dieser Vogel hat einen Schnabel der fornen ein wenig stumpf zu gebogen und dicke ist/ wo ich es recht behalten habe ist er schwartz.

Hat nur drey Zähen mit eben so viel Nägeln/ welche eine schwartze Haut zusammen hält.

Die Beine seynd nicht gar hoch.

Sein Schwantz/ der wie ein Weiher ist/ hat dieses sonderlich Gemerck vor allen andern da wir bißhero von geredet/ daß ihm nemlich eine Feder vor den andern Schwantz Federn hervor stehet.

Oben auff den Kopff ist er schwartz.

Die Augen seynd auch schwartz.

Umb den Hals hat er einen dunckel gelben Ring.

Die Flügel sambt den Rücken seynd oben braun.

Unten am Leibe ist er weiß/ er ist ein wenig grösser als die Mewe Kutge gehf.

Er hat seinen Nahmen daher/ weil er wie im vorhergehenden gedacht/ die Mewe Kutge gehf genandt/ jaget und so lange in der Lufft ängstiget biß sie ihren dreck fallen läst/ welchen dieser Vogel frist/ und fänget den dreck gar artig in der Lufft ehe er auff das Wasser fält.

Er flieget mit den Mewen Kutge gehf genant/ und haben keine scheu einer vor den andern/ fliegen auch beyde gleich geschwind/ aber wenn ihm der dreck gelustet/ jaget er sie/ daß diese Mewen hefftig schreyen/ er aber schreyet selten.

Er hält sich nur an einer Mewen allein/ wann aber zwey oder drey bey einander seynd/ das ihm eine entwischet/ so jaget er hinter die andern her/ und flieget bald oben bald unten sie.

Ich habe sonst nicht gesehen das er hinter andern Vogeln hergejaget hat/ als einmahl sahe ich ihm hinter einer Mallmucken herfliegen/ scheidete aber balde von ihr/ vieleicht das ihm der Dreck nicht gelustet.

Ich halte davor/ daß er diesen Dreck weil er dünne ist/ gleichsam als ein Getrencke beliebe (welches einander versuchen mag) weil er sonsten das Speck von Walfischen dabey als Speise isset.

Er nestet nicht gar hoch.

Gehet gerade auff den Füssen wie der Burgermeister Rahtsherr und Kutge gehf.

Ist ein rarer Vogel weil man ihn weinig siehet/ und flieget alleine/ selten aber siehet man 2 oder 3 bey einander/ er flieget wie der Rahtsherr/ oder wie eine Krehe/ die Flügel aber seynd fornen ein weinig spitzer.

Er

Er hat eine helle Stimme / und schreiet als wan er ruffet J Ja.

Etlichen kombt es vor wann sie ihn von ferne hören / als wann er Johan ruffet.

Sein Fleisch war nicht besser als der andern Raub Vogel Fleisch.

Ich habe ihn bekommen den 11 Julii bey den Beren Hafen (Bere Bay genannt) in Spitsbergen.

Nach der Zeit habe ich diesen Vogel hinter Schottland gesehen / daß er die Mewe Kutge Gehf jagete. (Tab. L gezeichnet mit d.)

8. Papageytaucher.

Ins gemein Papagey genannt.

Unter allen dreyzähigen platfussigen Vogeln / hat dieser einen sonderlichen Schnabel / welcher weil er von denen / so ihn zu erst den Nahmen gegeben / wie ein Papagey Schnabel vorkommen ist / diesen Vogel Papagey genennet haben / da er doch sonsten den Papageyen am Schnabel nicht gleich ist.

Der Schnabel ist breit und dunnstrichich bunt / als rothweiß / und der breite Theil schwartz.

Unten und oben gehet er spitzig zu / der oberste Bogen ist rothlich / und hat an seinen obern Schnabel einen krummen dünnen Hacken.

Der unterste hat einen gelblichten Bogen / und ist an den fordern Ende nach unten zu / ein wenig schrem abgeschnitten.

Der Schnabel ist unten und oben drey Finger breit / oben und unten lang / ist auch wol drey Finger breit / wann der oberste und unterste zusammen gemessen werden.

Er hat an seinen Obern Schnabel vier gebogene länglichte Gruben / im untern Theil hat er eben so viel / wiewol der foderste nicht also käntlich.

Die Hölen im Obern und Untern Schnabel machen zusammen ein viertel Mond / deñ die erhobene Theil machen so wol ein viertel Mond als die Hölen.

An den Hölen seynd so viel erhabene Theile / deren der oberste so breit als die drey forderen Theile sind / hat unten eine länglichte Ritze / so seine Nasen-Löcher ohne Zweifel seynd.

Der unterste aber ist noch wol ein Strohalm breiter.

Der oberste breite Theil ist schwärtzlich auch wol blau.

An diesen breiten erhobenen Theil des obern Schnabels / sitzet nach den Augen zu ein länglicht durchlöchert und weißlicht knurspel Stück / an welchen nach inner dem Munde zu wie eine runde Flachse (oder Seene) gesehen wird / welche

Cap.2. **Vierdten Theils/ von den breitfüssigen Vögeln**

welche nach den untern Theil auch zu gehet/ und daselbst in ein länglichten Fadem gleichsam sich endet/wodurch denn der Schnabel auff und zugethan wird.

Die Füsse haben auch nur drey Zehen/ mit einer rothen zwischenhaut zusammen gefüget/hat auch nur drey kurtze starcke Nägel.

Die Beine seynd kurtz von Farben roth.

Gehet auch wackelhafft.

Umb die Augen hat er einen rothen Ring.

Uber diesen Augen-Ring stehet ein kleines Horn auffrecht/ unter die Augen aber lieget ein ander kleines länglichtes schwartzes Horn quer über/ gleich wie in der Figur auch angedeutet ist.

Sein Schwantz ist kurtz und stumpf.

Der Kopf ist oben schwartz biß an das Horn.

An den Backen ist er aber weiß.

Umb den Halß hat er einen schwartzen Ring.

Der gantze Rücken und die Fittich oben seynd schwartz.

Unten am Bauche aber ist er weiß.

Sie fliegen eintzel oder bey paaren/mit spitzen Flügeln als die Lumben.

Dieser tauchet lange unter Wasser.

Und isset wie die andern rote Garnellen (oder Krabben) kleine Fische und rote Würmer/ auch wol die Meerspinnen und Stern-Fische/ denn in seinem Magen fand ich als wenn es Stücke davon wäre/ es war aber meist verdauet.

Er hat mehr Fleisch als die Taubetaucher/und ist nicht übel zu geniessen.

Im Eise habe ich keine gesehen.

Denselben/dessen Bild ich hier vorstelle/ ist geschossen bey Schmerenborg in Spitsbergen den 20. Tag des Brachmonats:

Nach der Zeit aber haben wir noch mehr bekomen. (Tab.K. gezeichnet mit C.

9. BergEnte.

Biß hieher haben wir von den breitfüssigen oder unspaltigen dreyzehigen Vogeln/so sich bey und umb Spitsbergen finden/ geredet.

Nun seynd noch über von den unspaltigen/die vierzähige/ von welchen mir dreyerley vorkommen sind/als die Berg-Ente/ Kirmewe und Mallemucke.

Die BergEnte ist ein Geschlecht unserer Enten/oder vielmehr wilden Gensen/ denn sie wie eine mittelmässige Ganß ist/ und daher grösser als die Enten/ und scheinet auch an Schnabel den Gänsen ähnlicher zu seyn.

Ist ein schöner Vogel wegen seiner sprencklichten Federn.

Tauchen unter Wasser wie andre Enten.

Das Männlein ist von Federn schwartz und weis / und das Weiblein als ein Rephun.

Der hinterste Zähe ist breit und kurtz / mit einen kurtzen Nagel.

Der Schwantz ist stumpf wie an andern Enten.

In ihren Magen habe ich nichtes gefunden / darauß ich konte vergewissert seyn ihrer Speise / als Sandsteine allein.

Sie fliegen häuffig bey Troppen wie ander wilde Enten / wenn sie Menschen sehen halten sie ihre Köpffe in die höhe / und strecken den Hals lang auß.

Nesten auff niedrigen Insulen.

Ihre Nester bereiten sie von den Federn ihres Leibes / und vermengen sie mit Moß.

Es sind aber diese Federn nicht / die Federn so Edder Dun genennet werden / wie schon in der allgemeinen Beschreibung dieser Vogel ist gedacht.

Man findet ihre Eyer zwey / drey auch wol vier in einem Neste / welche mehrentheils bey unser Ankunfft in Spitsbergen faul waren.

Wiewol wir noch unter diesen einige funden die gut zu essen waren.

Von Farben seynd die Eyer bleichgrün / grösser als unser Enten Eyer.

Die Schiff-Leute schlugen von beyden Seiten an iede Seite ein klein Loch in das Ey / und blasen das weisse und den Dotter darauß / ziehen sie auff ein Fadem / wie es die machen so Eyer verkauffen / die solche leere Eyer vor den Thüren hängen.

Ich wolte etliche Berg Enten Eyer mit nach Hamburg nehmen / wurden aber heßlich stinckend / ob gleich die Schalen nicht zerstossen waren.

Die Enten haben sonst gut Fleisch / man kochet und bratet sie wie die andern Vogel / davon oben geredet ist.

Ihre Feiste wirfft man weg / schmeckt wie Walfischs-Fett oder Trahn / und machet ein Brechen.

Die ersten Schiff-Leute so in Spitsbergen ankommen seyn / haben ihre Eyer unzehlig viel gesamlet / daß sie so viel davon gessen als ihnen beliebet.

Die BergEnten seynd gantz nicht scheu vor Menschen / so man erstlich in Spitsbergen ankombt / hernach aber werden sie gantz wild / daß man sie kaum mit Schrot treffen kan.

Den ich hier vorstelle ward geschossen in der Süd-Bay (oder Süd-Hafen) in Spitsbergen den 18. Junii. (Tab. M gezeichnet mit C.)

10. Kirmewe.

Die Kirmewe hat einen dünnen sehr blutrothen spitzen Schnabel.

Läst

Cap. 2. **Vierdten Th. von den breitfüssigen Vögeln.**

Läst wol groß mann er auffgerichtet stehet insonderheit wegen seiner langen Flügel und Schwantz Federn wie eine kleine Mewe/ sonst wenn die Federn von ihm / hat er nicht mehr fleisch den ein Sperling.

An diesen Vogel ist dieß sonderlich das er spitzige Flügel / und solchen Schwantz hat/ daß er wie schon gedacht länger als Schwalben/ und ist der Schwantz also lang als die längsten Flügel federn.

Daß er wie schon gedacht spitzige Flügel und Schwantz Federn hat als eine Schwalbe/ konte wol daher Schwalben Mewe genand werden.

Er wird aber insgemein Kirmewe genant von seiner kirrenden Stimme.

Die Zehen sambt ihrer zwischenhaut seynd Bluthroth/ die Nägel seind Schwartz an allen vier Zehen.

Der hinter zehe ist nur klein.

Die Beine seynd kurtz und roth.

Stehet frisch auff den Beinen wenn er recht stehet.

Der Kopff oben ist schwartz wie ein Mutschen.

Die Backen seynd gantz weiß.

Der gantze Leib ist silbergrau.

Unten an den Fittichen und auff den Schwantz ist er weiß.

Eine seite der langen und schmalen Flügel federn war schwartz.

Welche unterschiedliche Federfarben sambt den bluthroten Schnabel rothen Beinen und Füssen / sehr schon machen.

Die Federn seynd haricht.

Er flieget eintzel / wie ich ihn also in den Südhafen und anderswo da wir gewesen fliegen gesehen.

Wo sie ihre Nester haben fliegen sie häuffiger.

Ihr Nest ist von Moß.

Man kan ihre Eyer von den Nestern kaum unterscheiden / weil sie beyde schmutzig weiß sind/wie wol die Eyer noch dazu schwartze pflecken haben.

An der grösse seynd sie als Tauben Eyer.

Habe in Spitsbergen sie gessen und gut befunden / schmeckten wie Kiwits Eyer.

Der Dotter war roth / und daß Weisse darumb blaulich.

Sie gehen an einem Ende spitzig zu.

Er verthediget seine Eyer/ und flieget auff den Menschen mit beissen und schreyen.

Es gehet ihm wie man von den Kiwiten saget / er wil die Weyde for sich behalten/ kan aber seine eigene Eyer nicht verthedigen.

Ich habe seine Eyer wol 30. mit nach Hamburg gebracht/ wurden aber faul und stinckend.

Er ist ein Stoßvogel.

Stürtzet sich von oben ins Wasser/wie die andern Mewen thun.

Halte davor das er die kleinen grauen Würm isset / auch wol die rothen Krabben/weil ich sonsten keine speise vor ihm finde.

Ich habe nur diesen einen in der Flucht geschossen / und weil er vom groben Schrot sehr verletzet war/ hab ich sein nicht genossen.

Es wird dieser Vogel hier zu Lande auch grau gesehen / es ist aber grosser unterscheid.

Denn der Spitsbergische weit schöner von Federn ist.

Den ich hier vor Augen stelle habe ich geschossen / bey den Vogelsanck in Spitsbergen/den 20. Brachmonats tag.

Tab. N. gezeichnet b.

11. Mallemucke.

Dieser Vogel hat einen mercklichen Schnabel / der vielfältig getheilet ist.

Der ober Schnabel hat negst an den Kopf/ lenglichte/ runde/ schmale/ Nasenlöcher / unter welchen gleichsam ein neuer Schnabel herfor schieß/ welcher mit einem höckerichten Theile krum/ spitzig nach fornen zugehet.

Der untere Schnabel bestehet auß einem Theil von vier Flechen / davon 2 unterwerts spitz zusammen gehen/ 2 andere aber obenwerths voneinander stehen.

Die 2 untersten Fleche das spitzig herfor stehet / gehet unten mit des obersten Schnabels Spitzen zusammen.

Der hintere Zehen an dieses Vogels Fuß ist klein/ von Farben grau/ wie auch die vordern Zehen sampt der Zwischenhaut sind.

Der Schwantz ist etwas breit.

Die Flügel sind lenglicht nach Arth der Kirmeve.

Von Farben ist er nicht allzeit gleich.

Etliche sind gantz greiß/ die wan vor die Altesten helt.

Andere sind grau auff den Rucken und Flügeln/ und aber der Kopff sampt den Bauch ist weiß/ diese helt man vor Jungere.

Ich solte aber meinen / daß dieser Unterscheid viel mehr sey von sonderlicher Art/als von einerley Art alter/ denn die greisen hab ich allein umb Spitsbergen gesehen/die grauen aber habe ich zwar auch in Spitsbergen gesehen/ aber mehr bey der Nordcap (oder Nord-vorgebirge) auch umb Hitland und Engelland.

Er flieget wie eine grosse Mewe und schwebet nahe auff den Wasser / mit zweniger Bewegung der Flügel.

Er

Cap. 2. Vierdten Theils Von den breitfüssigen Vögeln.

Er weicht dem Ungewitter nicht/ wie unsere Mewen thun/ sondern sie halten das böse mit dem guten aus.

Unsere lencken sich wie eine Aher mit dem Wind.

Den Mallemucken ist es gleich.

Tauchen nicht gern/ es sey dann daß sie sich baden.

Sitzen auff dem Wasser und haben die Flügel creutzweise über einander.

Sie fliegen eintzel/ und können nicht wol auffliegen wo es eben ist.

Wann sie vom Wasser auffliegen/ flattern sie einen Weg hin/ ehe sie mit den Flügeln Wind erreichen. vielmehr aber thun es die Lumben und Papageyen/ die nur schmale Flügel haben.

Wie sie auff des Schiffes Boden lieffen/ konten sie nicht auffliegen/ musten erst an einem Orte kommen/ da der Boden niedriger war. als bey der Lucken.

Sie versamlen sich unzehlich viel/ wenn man Walfische fanget/ setzen sie sich gar den lebendigen Walfische auffm Leibe/ und beissen ihm auff den Rücken/ und hacken ihm bey lebendigem Leibe Speck herauß.

Auch bey den todten Walfischen/ wenn man die zerschneidet/ daß man nicht weiß woher sie so häuffig kommen/ da man sie auch mit Stecken und breiten Netzen/ wie Racketen gemacht (damit man den Ballon schlägt) häuffig schlagen kan.

So gar/ daß wenn man schon auff sie zufähret/ sie sich doch nicht weg machen/ sondern sich schlagen lassen/ daher sie auch die Schiff Leute an des Schiffes Wanten oder dicken Stricken häuffig anhangen.

Wann sie uns aber kennen lernen/ scheuen sie sich vor uns und sitzen nicht so lange.

Sie lauffen den Walfischen so nach/ daß mancher von ihnen verrahten wird/ dann er vielleicht mit den Wasserblasen etwas Feistes außsprützet/ daß die Mallemucken aufflecken.

Vielmehr aber wann ein Walfisch verwundet ist/ auff den Striche/ da er durchgeloffen/ sitzen sie unzehlig viel/ und haben keinen Scheu vor den Menschen.

Sie verrahten auch manchen todten Walfisch/ denn man ihm ohne sonderliche Mühe auff solche Weise bekombt.

Seinen Nahmen hat er daher/ weil er so dum/ oder wie die Holländer (diesen Nahmen ihm erst gegeben reden/ mall ist/ da er sich/ wie gedacht/ so leichtlich schlagen läst/ das Wörtlein Mucke aber mag ihm daher zugesetzet seyn/ weil sie sich häuffig wie Mucken sehen lassen.

Sie fressen so viel vom Walfisch-Speck/ daß sie es wieder von sich speyen/ und stürtzen sich über und über im Wasser biß sie sich erbrechen/ daß der Trahn von ihnen gehet/ und fressen von neuen wieder/ biß sie müde werden/ sie beissen sich

aber

Allenthalben in den Gelencken ist die Haut mit Linien getheilet/ wie inwendig eine Menschen-Hand.

Trägct zwey lange grosse Zahn in den obern Kiefel/ so von den obern Leffzen unter die untern Lefftzen herunter hangen.

Seynd einer halben auch wol einer Ellen lang/ etliche seynd noch länger.

Die Jungen haben gantz keine grosse Zähn fornen außstehen/ sondern sie wachsen mit dem Alter.

Alte Wall-Rosse haben fäste lange Zähne/ doch habe ich alte Wall-Rosse gesehen/ die nur einen Zahn hatten.

Es kan seyn daß sie im Streit zuweilen einen verlieren/ oder daß er ihnen außfält/ denn ich habe wol gemerckt/ daß sie faule stinckende Zähne hatten.

Die zwo langen Zähne werden höher geschätzt als Helffenbein wegen ihrer weisse/ kosten auch mehr/ seynd inwendig dichte und schwer/ die Wurtzel aber ist hol/ darin sitzet der Kern oder Marck.

Ihre Zähne werden bereitet wie Helfanten Zähne/ Messerschalen/ Niesebüchsen und dergleichen zierliche Sachen darauß gemacht.

Von den andern Zähn machen die Jüten ihnen Knöpffe in den Kleidern.

Das Maul ist fornen breit wie ein Ochsen Maul/ darauff sitzen unten und oben viel hole eines Strohalms dicke stachilchte Bürsten/ als dickes Haar/ so an statt seines Bartes ist.

Aus diesen Bürsten machen die See-Fahrende Ringe/ die sie vor den Krampf auff den Fingern tragen.

Oben den obersten Bart/ hat er zwey Nasenlöcher/ so rund wie ein halber Circkel/ darauß bläst er das Wasser wie der Walfisch/ doch mit wenigem Gerausch wie der Butskopf Wasser bläset.

Die Augen sitzen weit von der Nasen ab/ seynd mit Augenliedern gezieret/ wie andere vierfüssige Thiere.

Jederman saget daß seine Augen natürlich Blutroth sind/ wenn er sie nicht verkehret.

Ich habe aber/ weil sie mir die Augen verkehret zugewand/ nur verkehrte Augen Blutroth an ihnen gemercket/ denn sehen sie noch viel heßlicher aus/ wiewol sie sonst nicht freundlich außsehen.

Die Ohrenlöcher sitzen ein wenig höher als die Augen/ aber nahe bey den Augen/ sind wie der See-Hunde ihre Ohrenlöcher.

Die Zunge ist gerne so groß als eine Ochsen Zunge/ wann sie erst gekochet/ kan man sie wol essen/ wann man sie aber ein Tag oder zwey beyleget/ wird sie stinckend wie Walfisch Fett oder Trahn.

De

3. Cap. Dritten Theils/ von den breitfüſſigen Vögeln.

Das Dritte Capittel.
Von den übrigen Vögeln die ich nicht habe
abreiſſen können.

UNter dieſe ſeynd die Rotgänſe die mir im Flug gezeiget ſind/ ſollen Gänſe ſeyn mit langen Beinen/ fliegen hauffen Weiſe/ ſollen in Rußland/ Norwegen auch Jütland häuffig viel geſehen werden.

Hernach iſt auch im Flug mir allein fürkommen ein ſchöner breitfüſſiger Vogel Johan von Gent genannt/ iſt von Größe wie ein Storch/ iſt auch von Federn alſo/ ſchwebet wie ein Storch in der Lufft mit wenig bewegenden Flügeln/ vor dem Eiſe aber kehret er wieder.

Es iſt ein Stoß-Vogel mag von Geſichte ſehr ſcharff ſeyn/ dann er von einer groſſen Höhe ſich ins Waſſer ſtürtzet.

Das Gehirn dieſes Vogels wird hoch gehalten/ wo zu es eben gebraucht wird habe ich nie erfahren können.

Er wird auch in der Spaniſchen See geſehen/ und über all in der Nord See/ am allermeiſten aber ſtellen ſie ſich ungebeten ein/ wo man Hering fanget.

Ich bin auch berichtet/ daß eine Schwartze Krähe auff Spitsbergen geſehen worden.

Mehr Vogel ſiehet man bey Spitsbergen nicht/ es mag den ein einig Vogel verirret dies unbekandte Land herfliegen/ wie von den Raben oben gedacht.

Dieſe Vögel alle kommen zu gewiſſen Zeiten/ und lieben dieſen Orth ſo lange die Sonne ſcheinet.

Die Breitfüſſigen ſcheinen hier zu ſuchen eine temperirte Lufft.

Folgends nach dem ſich die Kelte mehret und die langen Nächte einfallen/ ziehet ein jeder Vogel ſeinen Ort.

Wenn ſie von dannen fliegen verſamlen ſie ſich/ und wann nicht mehr verhanden fliegen ſie davon/ ein jeder bey ſeines gleichen.

Daß auff ſolche Weiſe offters geſehen iſt.

Worauß zu ſchlieſſen das ſie Winterszeit an den kalten grauſahmen Orth Spitsbergen vor kälte nicht bleiben können.

Sie ruhen ſo wol auff dem Waſſer als Lande (und wann ſie aufffliegen/ ſehen ſie gegen den Wind) ſonſt möchten ſie ſolcher langen Reiſe halben ermüdet werden.

Ob die Mewe Rathsherr genannt/ der nicht auff dem Waſſer ruhet/ ſeine Reiſe in einem Tage thut weiß ich nicht/ oder ob ihm die Noth zwinget auff dem Waſſer bißweilen zu ruhen/ mag er vor rahten.

Wi

Spitsbergische Reise/

Wie die spaltfüssigen/als die Schnepfe/ Schneevogel und Eißvogel über Wasser kommen/weiß ich auch nicht.

Das Vierdte Capitel.
Von vierfüssigen Thieren.

1. Vom Hirsche/ den man Rehe nennet.

Dieses Thier ist dem Hirsche nicht ungleich/ hat zweyspaltige Füsse wie ein Hirsch/ und sein Geweihe ist imgleichen einem Hirsche oder Elend Weihe auch ähnlich/ hat an ieder Seite 3. auch wol 4. Zacken/ welche zwo Zoll breit und bey einer halben Ellen lang seynd.

Die Ohren sind länglicht.

Der Schwantz ist gantz kurtz.

Von Farben ist er greiß/gelblicht/wie Hirsche oder Rehen seyn.

Wann sie Menschen sehen/ so lauffen sie davon/ und werffen die Hörner hinter sich/bleibet man stehen/stehen sie auch mit still, da muß man alsobald Feuer auff sie geben/ wil man sie haben.

Sie essen Kräuter als Graß/ꝛc.

Sie halten sich überall in Spitsbergen auff/ am allermeisten aber auff das Rehe Feld/ welches den Nahmen hat/ daß sie häuffig da gesehen werden/ auch auff den Vorlande/und bey den Muschel-Hafen.

Im Wasser habe ich sie nicht schwimmen gesehen.

Wie ich berichtet bin/haben einige Schiffer wol 15. biß 20. geschossen/ auff den Vogelsang.

Das Fleisch gebraten ist angenehmen Geschmacks.

Man hat diese Rehen alsobald im Vor-Jahr hier gefangen/ wiewol gantz mager/darauß zu schliessen/daß sie auch Winterszeit über mit diesen kalen Ort Spitsbergen verlieb nehmen müssen. (Tab. O gezeichnet mit a.)

2. Fuchs.

Zwischen den Füchsen dieses Orts und der Spitsbergischen/ ist kein sonderlicher Unterscheid.

Einer von denen den ich gesehen/lieff nahe bey unser Schiff/ war am Kopffe schwartz am Leibe weiß.

Sie bläffen/ daß es von ferne lautet als ob ein Mensch lachet/ daher die Fabel entstanden/ als wenn der Satan des Orts die Walfisch Fänger außlachte/welche des Reinharts Stimme nicht kennen.

Auf

Cap. 4. **Vierdten Theils / von vierfüßigen Thieren.** 73

Auff dem Eise siehet man sie auch lauffen / ihre Nahrung fällt daselbst schlecht/ von Vögeln und Eyern.

Ins Wasser kommen sie nicht / wir hatten einen in den südlichen Hafen auff der Jacht mit unser zwantzig Männer umbschlossen / an eine Seite war er mit Wasser umbgeben/ gedachten ihn da hinein zu jagen / und ängstigten ihn genug/ er aber wolte nicht / sondern sprang zwischen eines Mannes Beinen durch/ lieff nach den Bergen zu/ konten ihm auff den hohen Bergen nicht folgen.

Mir berichten die Schiff Leute vom Fuchse/ wann er hungrig / soll er sich als todt niederlegen/ biß die Vögel auff ihn fliegen/ ihn zu fressen/ die er aber erhascht und verzehret. (Tab. O gezeichnet mit b.)

Ich halte aber davor/ daß diese Fabel aus Reincken Fuchs Buche genommen / darin sie klärlich beschrieben stehet.

3. Weisser Bär.

Diese Bären sind von Gestalt viel anders / als die in unsern Ländern gesehen werden.

Denn sie haben einen länglichten Hundskopf/ und einen langen Hals/ schreyen wie heiserige Hunde.

Und die übrige gantze Gestalt ist viel anders denn der unserigen / sind auch viel geschicklicher von Leibe/ weil sie geschwinder sind.

Ihre Häuter werden zu uns gebracht/ und seynd bey Winters-Tagen den Reisenden angenehm.

Sie richten die Häute in Spitsbergen also zu/ sie machen Sägspäne heiß/ zertreten die Häute damit/ darin ziehet die Feiste/ und das Fell wird trucken/ wie man mit feinen Lein / Fettflecken aus den Kleidern macht / so mans gegen die Sonne hält.

Von Farben sind etliche gantz weiß/ etliche gelblicht/ die fürnemlich bey des Walfisches Aaß (oder Krenge) sich finden.

Von der Größe sind sie als ander Bären/ klein und groß.

Das Haar ist lang/ gelinde wie Wolle.

Die Nase und das Maul sind fornen schwartz.

Die Klauen sind auch schwartz.

Das Fett unten am Fusse wird außgeschmeltzt/ und wird gebraucht zu den Glieder Schmertzen.

Wird auch gebraucht den schwangern Weibern / die Frucht fort zu treiben/ treibt auch starck den Schweiß.

Das Fett unter den Füssen ist schwammig/ gantz gelinde anzugreiffen / ist
K beste

besser daselbst alsobald außgebraten/ denn ich habe es biß hieher bewahren wollen/ ward aber faul und heßlich stinckend.

Meines Erachtens halte ich vor gut/ wenn man das Fett mit Iniß Wurtzel brate/ bleibet es desto länger bey gutem Geruch.

Das ander aber ist wie ein Unschlit/ wann es außgeschmoltzen wird/ ist es dünne wie Walfischs Fett oder Trahn.

Dieses Fett aber ist an Kräfften dem andern Fette nichts gleich/ wird allein gebraucht in den Lampen / stinckt aber nicht so heßlich wie Walfischs Fett oder Trahn.

Es wird von den Schiff-Leuten auch dar gekocht und anhero gebracht/ und an statt des Trahns verbrannt.

Ihr Fleisch ist weißlich und feist/ wie Schaf-Fleisch / sein Geschmack aber wolt ich nicht versuchen/ dann ich mich befürchte/ frühzeitig grau zu werden / wie daß die Schiff Leute davor halten/ daß/ wer davon isset/ bald grau wird.

Sie saugen ihre Jungen mit Milch groß.

Die Milch aber war gantz weiß und fett/ wie ich gesehen da eine alte saugende Bärinne auffgeschnitten wurde.

Man saget von den unserigen Bären/ daß sie ein schwach Haubt haben/ an den Spitsbergischen aber befunde ich es viel anders / denn wir schlugen sie mit dicken Stecken auff die Köpffe/ daß sie nichtes achten/ da man wol einen Ochsen in einem Schlag todt schlagen solte.

Wolten wir sie tödten/ so musten die Lantzen das beste thun.

Sie schwimmen von der einen Eißschollen zu der andern.

Tauchen auch unter Wasser/ wenn wir sie auff die eine Seite von der Slupen hatten/ tauchten sie unter die Slupen durch/ zu der andern Seite.

Sie lauffen auch auff dem Lande.

Ich habe sie nicht so brummen gehöret/ wie unsere Bären/ sondern schreyen wie heiserige Hunde/ als schon gesaget.

Die jungen Bären konten wir von den alten nicht unterscheiden / als bey den zweyen fordern langen Zähnen/ die inwendig bey den jungen Bären hol waren/ bey den alten aber fest und dichte/ wann die Zähne gebrannt/ in Pulverweise eingenommen/ zertheilen sie geronnen Geblüt.

Die jungen Bären halten sich stets zu den alten / wir haben gesehen/ daß zwey junge Bären und eine alte einander nicht verlassen wolten/ wann gleich einer wich/ und der ander das Geschrey hörete/ kehrete er wieder umb/ als wolte er den andern helffen.

Die

Cap.4. **Vierdten Theils/ von den vierfüssigen Thieren.** 75

Die Alte lieff zu den Jungen/ und die Jungen zu den Alten/ und liessen sich also mit einander tödten.

Ihre Nahrung ist Walfisches Aaß/ (wie es die Schiff-Leute nennen Krenge) dabey sie auch am meisten gefangen werden.

Auch wol lebendige Menschen/wann sie die bekommen können.

Wühlen die Steine von den Gräbern weg/öffnen die Sárge/und fressen die todten Menschen/welches von vielen gesehen/welches auch man daher schliessen mag/ weil man die Todten Beinen ausserhalb der offen gemachten Särgen findet.

Sie fressen auch wol Vögel/und ihre Eyer.

Man schiesset sie mit Büchsen/ oder wie man sie bekommen mag.

Wir haben hier drey gefangen/ davon einer nach dem Leben abgerissen den 13. Julii.

Wo diese Bären sampt Fuchsen Winterzeit bleiben/weiß ich nicht/ Sommerszeit haben sie an etlichen Orten wenige Monaten lang Nahrung genug/hernach gantz schlecht/als Winterszeit wan die Felsen und Steinklippen mit Schnee bekleidet sind/ weil aber die Rehen vermuthlich wie gedacht sich auch des Winters dar auffhalten/ als solte ich auch dergleichen von diesen Thieren sagen.

Tab. O. gezeichnet mit C.

4. Seehund/ den man auch Rubbe oder Salhund nennet.

Es sind noch übrig zwey Tiere/ so sich sowohl im Wasser als auff dem Lande und Eiß auffhalten/ und haben auch 5 gefingerte Füsse/ mit einer dicken Haut an einander gewachsen/ gleich wie Gense Füsse.

Unter diesen ist der bekandste der Seehund den man Sallhund und Rubbe nennet.

Der Kopff gleichet sich einem Hundes Kopff mit abgeschnittenen Ohren.

Sehen auch einander nicht gleich/ dieweil einer einen runder der ander einen länglichten oder magern Kopff hat.

Hat an den Munde einen Bart.

Auff der Nasen und über die Augen hat er auch Haar/ aber wenig/ selten über vier.

Die Augen seynd groß gewelbet und klar.

Die Haut ist mit kurtzen Haar bewachsen.

Von Farben seynd sie auff allerhand Arth/ bund von Flecken wie Tiger/

ger / etliche sind von Farben Schwartz mit weissen Flecken / auch gelb/ grau/ rötlich / Summa von allerhand Arth Farben.

Aber nicht so hohen Farben das man sie etwan an schöne einer Blumen vergleichen wolte.

Ihre Zähne sind scharff / als Hunde Zähne / womit er einen Stock nach dicke eines Arms leicht abbeissen kan.

An ihren Zähen haben sie lange spitzige schwartze Nägel.

Der Schwantz ist kurtz.

Sie schreien wie heißrige Hunde.

Die kleine mauen als Katzen.

Sie gehen als wenn sie hinten lahm sind.

Sie können klettern auff hoch Eiß / darauff ich sie schlaffen gesehen/ am meisten aber bey schönen Sonnenschein / daran ergetzen sie sich / wan es aber sturmet / müssen sie sich davon machen / dieweil die Meerswellen hefftig an den Eißfeldern toben / wie auff blinden Stein Klippen / wie im Cap. vom Eise oben schon gedacht.

Man siehet sie am meisten auff dem Eise umb die West (gegen Westen) an den Seekandten/ da eine Ungläubliche Menge gesehen wird / so gahr daß wenn die Schiffer keine Walfische fangen möchten/ könten sie von den Seehunden ihr Schiff allein heladen/ und man hat Exempel daß kleinere Schiffe als Gallioten ihre Ladung davon gemacht haben / es gehöret aber grosse Mühe da zu ehe sie geschunden werden / und sind nicht alle gleiche fett umb solcher Zeit wann man da ankömpt.

Bey Spitsbergen aber siehet man wenig / an stat derselben viel Wall-Rosse.

Wo viel Seehunde gesehen werden/ ist kein guter Walfisch fang.

Es scheinet das sie den Walfischen wenig zur Nahrung da lassen / weil sie gahr heuffig da sind.

Ihre Nahrung sind kleine Fische wie ich vernommen.

Wir schnitten viel auff/ und funden in ihren Magen nichtes als weisse langligte eines kleinen Fingers grosse Würmer/ als Spul Würme.

Wo sie sich auff den Eißfeldern halten/ kommet man zu ihnen mit grossen Geschrey / davon sie halb besturtzet werden / oder vieleicht auß neuschierlichkeit horchen sie zu und halten die Nase in die Höhe/ machen einen langen Halß als ein Windhund und schreien / in solchen Schrecken schlägt man sie mit Handspiessen und mit Stecken auf die Nase (welches andere Hunde auch nicht wohl leiden können) davon fallen sie halb Todt nieder / ermuntern sich doch wieder und stehen auff.

Etliche

Etliche stellen sich zur Gegenwehr / und beissen umb sich / und lauffen den Menschen nach / können auch so geschwinde lauffen als Menschen / und hindert ihnen ihr lahmer Gang nichts daran / dann sie sich wie ein Ahl fortschlingen.

Andere lauffen von den Eißfeldern nach dem Wasser / und lassen einen gelben Unflat hinter sich / welchen sie gegen die Jäger außsprützen wie ein Reiher.

Sie stincken sonst von Natur gantz geil und heßlich.

Andere stehen mit dem halben Leibe aus dem Wasser / und sehen umbher was auff dem Eise vorfält / und so sie unter Wasser tauchen / halten sie die Nase in die höhe / und machen einen langen Halß.

Wann sie von den Eißfeldern stürtzen, auch wann sie einen Rubben Tantz beym Schiffe machen / tauchen sie mit den Köpffen immer vor unter Wasser.

Sie haben ihre Jungen bey sich / davon wir einen lebendig mit an das Schiff brachten / wolte aber nichts essen / sondern Maute immer fort als eine Katze / und wann man ihm anrührete biß er von sich / darnach tödten wir ihn.

Die grösten Seehunde habe ich gesehen von 5. biß 8. Schue lang / davon schnitten wir eine halbe Tonne Speck.

Den ich abgerissen war 5. Schue lang.

Sie haben Speck daß ist drey auch wol vier Finger dick / es sitzet auff dem Fleisch allein unter der Haut / davon man es wie haut abziehen kan.

Von diesem Speck wird der beste Trahn gebrennet.

Das Fleisch ist gantz schwartz.

Haben viel Blut / als wenn sie inwendig mit Blut allein außgefüllet weren.

Grosse Leber / Lunge und Hertz die man zusammen isset / wann die geilheit im Wasser außgezogen ist / kochet man sie / wird aber dieses gerichte gantz zu wieder / denn dieses alles dorr und tranicht schmeckt.

Gedärm hat er viel ist aber gantz dün.

Innerlich habe ich keine Feiste gefunden.

Ihr Männlich glied ist ein harter Knochen / wie bey den Hünden / spannen lang / mit Sehnē über wachsen etliche waren kaum ein kleinen finger groß / waren doch keine Jungen.

Der Augen Cristall ist bey allen nicht gleich von Farben / etliche waren wie eine Cristalle / andere weiß / andere gelblicht / andere röthlich / sie waren grösser als des Walfisches Augen Cristall / der nur wie eine Erbse groß ist.

Wenn man sie verwahren wil / muß man sie langsam trucken lassen / oder man bewindet sie in Flachs und Tüchern / und leget sie an einen feuchten Ort / sonst zerspringen sie.

Es ist mir gesaget/ das wenn sie Buhlen/ seind sie sehr beissig auff den Menschen/ daß sie nicht leicht zu ihnen auff den Eißfeldern kommen dürffen/ als den halten sie die Schlupen nahe an den Eise/ (wie sie sonsten auch thun) und man schlägt sie aus der Schlupen.

Sie sterben nicht so leicht/ wann das Blut meist von ihnen und sie hart verwundet/ und geschunden seynd/ leben sie noch/ und stehet abscheulich/ daß sie in ihrem Blute sich so wältzen/ und nicht leicht sterben können/ ärger als Rochen.

Dessen mir ein Exempel bekand ist/ von dem grossen Seehund/ der Acht Schue lang war/ denn als derselbe geschunden und das Speck mehrentheils davon geschnitten war/ ungeachtet der schläge/ welche er auff den Kopff und Nase bekommen hatte/ biße er noch von sich/ und faste so hart das Handspieß mit den Zähnen/ als wen ihm nichts schadete/ spartelte auch wenig/ wir stachen ihn durchs Hertz und Leber/ daraus mehr Blut ran/ als wenn man einen Ochsen absticht/ derowegen die Schiffer solchen unflath nicht gerne in die Schiffe leiden/ weil es allenthalben mit Blut davon geschmutzt wird.

Dieser nicht allein hatte solch ein zehe Leben/ die andern auch/ dann wie wir meineten/ daß sie todt in den Slupen lagen/ bissen sie von sich/ daß man an ihnen sich vergreiffen muste.

Auß Schertz lief ich mit auff dem Eise/ und stach einen mit dem Degen offt durch den Leib/ deß er nichtes achtete/ ich aber viel tief in Schnee biß an den Knien/ er aber schreyte hinter meinen Rücken/ und wolte dennoch auff mich beissen/ ich aber wartete seiner ab/ und kam auff/ jagte hinter ihm her/ und gab ihm noch etliche Wunde/ die er auch nichts achtet/ er aber lief schneller als ich/ und stürtzte sich von der Eißschollen ins Wasser/ und ging zu Grunde/ (wiewol er nicht todt war) und möchte ihm nicht folgen. (Tab. P gezeichnet mit a.)

5. Wall-Roß.

Der Wall Roß ist dem See-Hunde an Gestalt des Leibes gleich/ ist aber viel starcker und grösser dann er.

Ist groß wie ein Ochs.

Die Füsse seynd auch wie des See-Hundes/ denn er hat fünff Klauen/ wol an den fodersten als an den hintersten Füssen/ hat aber kurtzere Nägel.

Der Kopff aber ist viel dicker/ runder und stärcker.

Seine Haut ist Daumens dick/ insonderheit am Halse/ darauff sitzet kurtz Haar muschfarbig/ rothlich/ etliche grau/ etliche haben wenig Haar/ seynd tretzig/ und voller gebissener Narben/ sehen aus als wenn sie halb geschunden seynd.

Allent-

Allenthalben in den Gelencken ist die Haut mit Linien getheilet/ wie inwendig eine Menschen-Hand.

Träget zwey lange grosse Zähn in den obern Kiefel/ so von den obern Leffzen unter die untern Leffzen herunter hangen.

Seynd einer halben auch wol einer Ellen lang/ etliche seynd noch länger.

Die Jungen haben gantz keine grosse Zähn fornen außstehen/ sondern die wachsen mit dem Alter.

Alte Wall-Rosse haben fäste lange Zähne/ doch habe ich alte Wall-Rosse gesehen die nur einen Zahn hatten.

Es kan seyn daß sie im Streit zuweilen einen verlieren/ oder daß er ihnen außfält/ denn ich habe wol gemercket daß sie faule stinckende Zähne hatten.

Die zwo langen Zähne werden höher geschätzt als Helffenbein wegen ihrer weisse/ kosten auch mehr/ seynd inwendig dichte und schwer/ die Wurtzel aber ist hol/ darin sitzet der Kern oder Marck.

Ihre Zähne werden bereitet wie Helfanten Zähne/ Messerschalen/ Niesebüchsen und dergleichen zierliche Sachen darauß gemacht.

Von den andern Zähn machen die Jüten ihnen Knöpffe in den Kleidern.

Das Maul ist fornen breit wie ein Ochsen Maul/ darauff sitzen unten und oben viel hole eines Strohalms dicke stachilchte Bürsten/ als dickes Haar/ so an statt seines Bartes ist.

Aus diesen Bürsten machen die See-Fahrende Ringe/ die sie vor den Krampf auff den Fingern tragen.

Oben den obersten Bart/ hat er zwey Nasenlöcher/ so rund wie ein halber Circkel/ darauß bläst er das Wasser wie der Walfisch/ doch mit wenigem Gerausch wie der Butskopf Wasser bläset.

Die Augen sitzen weit von der Nasen ab/ seynd mit Augenliedern gezieret/ wie andere vierfüssige Thiere.

Jederman saget daß seine Augen natürlich Blutroth sind/ wenn er sie nicht verkehret.

Ich habe aber/ weil sie mir die Augen verkehret zugewand/ nur verkehrte Augen Blutroth an ihnen gemercket/ denn sehen sie noch viel heßlicher aus/ wiewol sie sonst nicht freundlich außsehen.

Die Ohrenlöcher sitzen ein wenig höher als die Augen/ aber nahe bey den Augen/ sind wie der See-Hunde ihre Ohrenlöcher.

Die Zunge ist gerne so groß als eine Ochsen Zunge/ wann sie erst gekochet/ kan man sie wol essen/ wann man sie aber ein Tag oder zwey beyleget/ wird sie stinckend wie Walfisch Fett oder Trahn.

Der Halß ist dicke/derowegen er sich nicht wol umbsehen kan/ und daher verkehret er die Augen.

Der Schwantz ist kurtz als an See-Hunden.

Von ihrem Fleische schneidet man kein Speck/es ist alles mit Fleische durchgewachsen wie Schweine Fleisch/dem es wol am ähnlichsten siehet.

Hertz und Leber haben wir von ihnen gessen/ schmecken/ da man nicht Veränderung von Speisen hat/ gut genug.

Des Männleins Glied ist ein harter Knochen/wol einer Ellen lang/ unten dick/gegen fornen dünne/ in die Mitte etwas gekrümmet / auff der Seiten nach dem Leibe zu ist es platt/außwerts aber ist es rund / fornen ist es platt und pucklicht/ist überall mit Sehnen überzogen.

Aus diesen Knochen werden auch gedrähet Messer-Schalen und andere Dinge.

Was ihre Speisen seynd kan ich nicht eigendlich wissen / vielleicht essen sie Kräuter und Fische.

Daß sie Kräuter essen/schliesse ich daher/ weil ihr Unflat wie Pferde-Mist außsiehet/aber nicht so rund.

Daß sie Fische essen/schliesse ich daher/ weil einer/ wie wir das Speck vom Walfische schnitten / die Haut zu unterschiedenen mahlen mit unter Wasser nahm/ er warff sie auch aus dem Wasser/ und fing sie wieder.

Seinen Unflat frist der Burgermeister/wie oben bey den Vogeln gedacht.

Die Wall-Rosse halten sich am meisten bey Spitsbergen/im Eise aber habe ich keinen gesehen.

Sie liegen auff dem Eise/wie schon gedacht im ersten Theile beym 12. Julii/ unflätig wie See-Hunde in grosser Menge/und brüllen erschröcklich.

Sie tauchen mit dem Kopf fornen unter Wasser wie See-Hunde.

Sie schlaffen daß sie schnarchen/ nicht allein auff den Eißfeldern/ sondern auch im Wasser/da man sie mannigmahl vor todt ansiehet.

Sie seynd behertzte Thiere stehen einander bey biß im Tode/ und wann einer von ihnen verwundet wird/wiewol die Menschen in den Slupen das beste thun mit schlagen/stechen und hauen/ tauchen die Wall-Rosse unter Wasser bey den Slupen/und schlagen mit den langen Zähnen unter Wasser Löcher darein / die andern ungescheuet schwimmen hart auff die Slupen/und stehen mit dem halben Leibe aus dem Wasser/und wollen zu den Slupen ein.

In solchen Streit schlug ein Wall-Roß mit den Zähnen in die Slupen/ und faste den Harpunier mit den langen Zähnen zwischen das Hembd und die

Hosen-

Cap. 4. **Vierdten Theils/ von vierfüssigen Thieren.** 81

Hosen/daß ihm der Hosenbändel brach / sonst hätte er ihn aus der Slupen gerissen/und mit sich unter Wasser genommen.

So sie brüllen/und die Menschen es ihnen wieder also nachmachen / daß sie wie Ochsen brüllen/ wil einer vor dem andern der erste unter Wasser seyn/ und können Menge halber einander nicht weichen / deßwegen sie sich unter einander beissen/daß sie bluten/und klappern mit den Zähnen/ andere wollen den gefangenen Wall-Roß bey der Slupen entsetzen / und wil einer vor dem andern der erste dabey seyn/ da gehet es wieder an ein beissen/ klappern der Zähne und schröckliches brüllen/und weichen auch nicht weil einer lebet/und so man ihnen/ umb der Menge/weichen muß/folgen sie den Slupen nach/ biß man sie aus dem Gesichte verlieret/weil wegen der Menge sie nicht so hart schwimmen können / und einer den andern hindert/ daß sie zu den Slupen nicht gelangen können/ wie wirs erfahren vor dem Weihegat in Spitsbergen / da sie sich je länger je mehr versamleten/ und die Slupen rinnend machten/daß wir ihnen weichen musten/ sie folgeten uns so lange/ als wir sie sehen konten/ wie schon droben im ersten Theile beym 12. Julii gedacht.

Sie werden alleine umb der Zähne (wie schon gedacht) gefangen.

Man siehet wol hundert Wall-Rösse / darunter einer kaum gute Zähnen hat/dieweil sie klein sind/auch gar keinen oder nur einen haben.

Einen solchen Wall-Roß habe ich gesehen in den Englischen Hafen / der lag auff einer Eißschollen/ den sahen wir vor einen Seehund an/ ehe wir nahe bey ihm kamen/erkanten ihm darnach vor einen alten krätzigten kalen Wall-Roß.

Wir gaben ihm etliche Schläge die nam er stillschweigens mit unter Wasser/stachen ihn auch ins Leib / daß ihm das Gedarm (welches außsiehet wie Schwein Gedarm) aus dem Leibe hing.

Wann man sie auff den Eiß-Feldern liegen siehet / oder brüllen höret/ riemet man mit Slupen zu ihnen / da sie häuffig auff den Eiß-Feldern liegen wie See-Hunde/und liegen durch einander wie Schweine/ einer aber/ wie ich gäntzlich dafür halte/hält die Wache/ denn ich mercklich darauff gesehen/ daß der näheste bey den andern mit den langen Zähnen seinen Nachbaren schlug; wenn sie erwachen/richten sie sich in die Höhe / und stehen auff den Forder-Füssen/ sehen erschröcklich aus und brüllen / schlagen mit den langen Zähnen in das Eiß vor Zorn/ziehen sich auch damit fort/wann sie hart lauffen/oder so sie auff hoch Eiß wie die See-Hunde klattern.

Denn ihre grosse Stärcke haben sie im Kopffe / haben auch das dickeste Fell am Halse/welches viel dicker als die dickeste Elend-Haut ist / ist auch viel fester/ konte daher/ wann sie wie Elendshaut zu bereitet würde/ vor einen Pantzer erwehlet werden.

L Wann

Wann sie hauffig auff den Eißschollen liegen / und erwachen davon / sich stürtzen/muß man ein wenig von der Eißschollen halten/biß sie mehren theils davon/sonsten wurden sie zu uns in die Slupen fallen/und sie umbstürtzen / davon man viel Exempel hat.

Dann lauffet der Harpunier auff der Eißscholle/oder er wirfft die Harpune aus der Slupe nach dem Wall-Roß/der laufft dann ein wenig fort/biß er ermüdet/dann holen die Männer in den Slupen die Stricke oder Linien wieder ein/ und den Wall-Roß ziehen vor der Slupen (oder Stäfe) da er sich hart zur Gegenwehr stellet / mit beissen und springen aus dem Wasser / und der Harpunier sticht ihm mit Lantzen biß er getödtet.

Man nimbt ihn aber insonderheit in acht / wann er von den Eißschollen herunter stürtzet/oder wenn er mit dem Kopffe unter Wasser taucht/weil ihm alsdenn die Haat fein glatt und steif sitzet / deßwegen geht die Harpune glatt durch die Haut auff den Rücken.

Wann er aber lieget und schläfft / lieget ihm die Haut loß auff dem Leibe/ daher fasset die Harpune nicht in die Haut/ sondern fällt ab.

Die Wall-Roß Harpun und Lantz ist kurtz / einer oder anderthalb Spannen lang/über Daumens dick mit den höltzern Stiel Mann hoch.

Des Walfisches Harpun ist viel zu schwach/seine dicke Haut damit durch zu löchern wiewol sie beyde seynd geschmiedet von sehr zähen Eisen / und nicht sonderlich gehärtet/damit sie nicht abspringen/sonst ist alle Mühe vergebens.

Wann der Wall-Roß getödtet ist/hauet man ihm den Kopf abe/ den Leib lassen sie liegen/oder lassen ihn im Wasser treiben.

Etliche sincken/ etliche nicht.

Den Kopf nehmen sie mit an das Schiff / da werden die Zähne außgehauen/die zwo grössen Zähn gehören den Redern oder Kauffleuten des Schiffes/die kleinen Backen-Zähn werden wenig geachtet.

Ich wil noch gedencken / wir haben an einer Eißschollen her gerudert oder geriemet/da lag es so voll Wall-Rösse / und die Eißscholl lag dem Waßer gleich/ wie die Wall-Rösse davon/könten wir kaum aus der Slupen darauff treten/also hoch lag sie aus dem Wasser.

Mir ist von den Groenlandfahrenden vor Warheit berichtet / daß wie sie keinen guten Walfischfang gehabt/seynd sie mit Slupen an des Muffen Eyland gerudert/da es voll Wall-Rösse gelegen / darauff haben sie frisch zugesetzt mit hauen/stechen und schiessen/daß sie eine grosse Menge erlegt.

Wie sie aber je länger je mehr sich versamlet / haben sie die todten Wallrösse umb sich geleget / daß sie darzwischen gestanden / als in einer Brustwehr oder
Schantz/

Schantz/ haben dennoch einige Oerter als Thüren offen gelassen / damit andere zu ihnen stürmen konten / und auff solche Art haben sie etliche hundert getödtet/ daß sie gute Reise davon gemacht/ weil die Zähne vor wenig Jahren in höhern Preiß gewesen. Tab. P gezeichnet mit b.

Das Fünffte Capittel.

Von etlichen Schild geschlechtern/ so auff Grönlandischen / oder Spitsbergischen Reisen gefangen werden.

Ich habe auff dieser Reise gemercket / zweyerley art/ als Krabben und Sternfische.

Von Krabben aber seind mir viererley geschlecht vorkommen / als erstlich die Meerspinne/wie sie die Frantzosen nennen / hernacher rothe Krabben oder Garnellen/zum dritten kleine graue Krabben oder Granat / zum vierdten die so genandte Wallfischs Lauß.

Die Sternfische setze ich hiebey / weil sie auch ihre Arme oder Füsse haben mit welchen sie sich fortbringen / und sind mit Schilden bedecket.

1 Ohnschwantzter Seekrebs/ oder Meerspin.

Diese Arth Krebse haben keinen Schwantz/und sechs Füsse / zwey Scheren.

Seind sonst den Seekrebsen die wir Hummer nennen an Gestalt des Leibes fast gleich.

Sind dunckelbraun von Farben.

Ist auff den Rücken etwas stachlicht.

Uber den gantzen leib Harig.

Ich habe der arth mit 6. Füssen und zwey Scheren/viel auff meinen Spanischen Reisen bekommen / davon ich auch in meiner Spanischen Reise einen Abriß gemacht/welche so Gott wil/ zu seiner Zeit den Naturliebenden mittheilen wil.

Sind aber von den Spitsbergischen unterschieden/an grösse und kopffe.

Denn der Spitsbergische hatte einen Hummer kopff.

Das Männlein aber des Geschlechts so ich auff der Spanischen Reise gezeichnet/ mit seinem Kopffe und Leibe machte eine Laute.

Ich habe diese Spitsbergische Seekrebse nicht gessen/habe sie auch nicht abreissen

reissen konnen in Spitsbergen wegen Mangel der Zeit / gedachte sie mit anhero zubringen/ wurden aber von den Ratzen weggetragen.

Ich fand sie in den Englischen Hafen den 19. Junii / nachdem wir die zwey Wallrosse gefangen.

Nach der Zeit habe ich sie bey Engelland in der Nordsee gesehen / da wir von den Hilgelander Fischern einen grossen Tarbut oder Steinbut kaufften / in dessen Magen wir einen solchen grossen Seekrebs funden (wann er die Füsse außgestreckt zwo Spannen lang) scheinete als wann er erst gestorben war.

2. Garnell.

Unter den Garnellen die man hier siehet und die man in Spitsbergen findet ist kein Unterscheid.

Spitsbergische aber seynd von Farben auch ungekocht roth / rother wie sie von Lübeck gekocht zu uns gebracht werden.

Der Kopf ist sonderlich / bestehet von etlichen Stücken / und hat vier Hörner/ der gantze Kopf ist breit an zu sehen /wie eine Kornschauffel ohne Stiel.

Am Ende des Kopfs sitzen ihm seine Augen erhoben aus dem Kopffe wie Krebs Augen.

Er siehet nicht unterwerts /sondern forn aus und von der Seite.

Das Schild auff dem Rucken ist eines Harnisches Rücktheile am gleichsten/ist auch hinter dem Kopffe als in seinen Nacken ein wenig eingebogen / und gar wenig pucklich/dahinten sitzt ein Stachel.

Darnach folgen sechs Schilde wie die Schilde an den Harnischen an den Armen und Beinen/umb die Ecken desselben sitzen kleine schwartze Pflecklein/als wenn es Nägel an Harnischen seynd.

Die Schilde liegen recht rundlich auff einander / wie die Striche und erhobene Theile an den Köpffen der Regenwürmer.

Wann er den Schwantz unter sich ziehet / so erscheinen die Schilde hinten zu etwas eingekerbet mit noch einen erhobenen Theil dahinten.

Der Schwantz ist von auch fünff Theilen / wann er den außbreitet ist er wie ein Vogel Schwantz.

Hat fornen zwo Scheren / davon der foderste Theil einer Zahnbrecher Zangen am ähnlichsten siehet /haben Zacken gleich daran.

Hat 18. Beine / davon die nechsten an den Scheren die kürtzten und dünnesten.

Die fodersten 8. Beine haben vier gleich / davon das höchste das längste/ und das unterste das kürtzte ist/seynd gantz nicht haricht oder rauch.

Die

Cap.5. Vierdten Theils/ von etlichen Schildgeschlächtern. 85

Die zehen hintersten Beine davon die fodersten die längsten/ und das oberste gleich viel dicker und kürtzer als die untersten langen seynd/haben zwey gleich/ davon die Füsse etwas untenwerts gebogen und harig sind.

An dem hintersten fodersten gleiche stossen herauß zwey Schossen/ unten an dem andern nur ein.

Er schießt gar schnelle fort im Wasser.

Er war so groß/ wie ich ihm nach dem Leben abgerissen.

Sie seynd der Vogel Speise/wie oben bey den Vogeln beschrieben ist.

Denn ich hier vorstelle,bekam ich von ungefehr / da eine Lumbe über unser Schiff flog/und einen auff des Schiffs Deck oder Boden fallen ließ/ wie droben bey den Lumben beschrieben ist.

3. Kleiner Garnell.

Ich habe auch gemercket auff der Spitsbergischen Reise / ein geschlecht von Krabben so den Würmern gleich ist.

Der Kopff ist einen Fliegenkopff am ähnlichsten.

Hat fornen unten am Kopff zwey Hörner ausstehen.

Hat Schilde wie die breiten Maurwürmer.

Ist rund auff den Rücken/ untenwerts breit.

Hat in allem 12. Beine.

An jeder seite der fordersten Schilde hat er drey Beine.

Vier Schilde vorbey/sitzen an jeder seite noch drey beine.

Seynd nicht grösser als ich sie abgerissen.

Die Vogel fressen sie als ihr angenehmste Speise/welches ich daher schliesse/ weil sie sich häuffig funden an den Orten da diese Würmer sich halten.

In den Dänischen Hafen fand ich sie häuffig / zwischen und unter den Steinen im Wasser wenn man die Steine auffhebete.

Hernach den 8. July bekam ich sie in dem Muschel Hafen / darnach dieser nach dem lebend abgerissen.

Ich habe sie auch in des Wallfisches Samen der auff dem Wasser trieb vermenget gefunden. Tab. P. gezeichnet mit C.

4. Die so genandt Walfisches Lauß.

Die so genandte Wallfisches Lauß hat mit der Lauß ausserhalb des Kopffs kein gemeinschafft/ gehöret mehr zu den Krebs geschlechten.

Seynd hart von Schilden wie Krabben.

Haben einen Kopff fast wie eine Lauß / mit vier hörner/seynd beyde von ansehend als ein doppelter A.

Die zwey kurtzen hörner von fornen ausstehen/ haben zwey knöpff fornen als Paucken stöcke/ und die zwey andern krummen hörner seynd fornen spitz.

Der Kopff hat meist die gestalt einer Eicheln/ ist hinten tieff abgeschnitten.

Hat zwey Augen.

Ein Nasen loch.

Der Halß ist nicht steiff vom Schilde / sondern von Haut als die Haut zwischen Krebsschilden.

Hat sechs Schilde auff den Rücken.

Daß forderste Schild siehet aus wie die Spuhle (Schehtspule genand) damit die Leinweber den Fadem werffen.

Die andern drey als das Weißbrod/ so wir Pümmelcken nennen.

Die zwey hintersten seynd am aller ehnlichsten einem Schilde.

Den Schwantz konte man wohl einem Schilde vergleichen/ ist aber gar kurtz.

An den fodersten Schilde hat er die Füsse/ von Gestalt wie eine krumme Meyer Sense/ seind vornen rund gebogen wie ein viertel von Mond/ inwerts aber auf die Helffte mit Zacken wie eine Säge/ und vornen ein spitziger krummer Klaue.

An des andern und dritten Schildes jeder Seite stehen heraus vier Keulen als seine Ruders/ haben unten ein kurtz Glid / darinnen seine Ruder beweget werden / die Keulen legen sie kreutzweise über den Rucken wan sie vom Wallfische fressen/ oder sie legen sie also an einander in die höhe / wie die springer wann sie über Degen springen.

Die sechs hintersten Beine/ seynd von gleichen als Krebsbeine/ haben an jedem Bein drey gleiche/ davon die fordersten gekrümmet wie ein viertel Mond/ fornen aber seind sie gantz spitz wie eine Nadel / so daß sie feste so wol Menschen als in des Wallfisches haut fassen können (wie die Filtzläuse/ daher ihnen auch der Nahme Lauß gegeben) daß man sie in stücken zerschneiden muß / ehe man sie von der Haut reissen mag.

Oder wer sie lebendig begehret / muß sie mit der Walfisches haut heraus schneiden.

Sie sitzen den Wallfischen an gewisse Orter des Leibes (als zwischen den Floßfedern oder Finnen/ an der Scham und Lefftzen/ da er sich nicht wol reiben mag/ und beissen ihm stücke aus der haut / als wann die Vogel von ihm gefressen hätten.

Etliche Wallfische haben sehr viel Läuse/ etliche haben nicht eine/ je wärmer es ist je mehr läuse bekommen sie. wie ich von andern vernommen.

Cap. 5.   Vierdten Theils Von etlichen Schildgeschlächtern.   87

Den ich hier vorstelle habe ich abgerissen in den Muschel hafen den 7. Julii. Tab. Q. gezeichnet mit d.

5. Von Sternfischen.

Von diesem Geschlechte / seynd mir auff diese Reise nur zwey Geschlechter vorkommen.

Der erste Sternfisch hat fünff Zacken/wie Füsse/ daher er von den Holländern Fieftack genennet wird.

Ist viel anders gestalt als diejenigen so ich in der Nord/ Spanisch und Mittelländischen ee gesehen.

Ist roth von Farben

Oben auff der Platte des Cörpers hat er fünff gedoppelte Reigen / von scharffen Puckeln oder Körner.

Zwischen jeden zweyen dieser gedoppelten Reigen ist eine einfache Reige dergleichen Puckeln/daß also insgesambt 15. Reigen von Puckeln auff der gantzen Platten seynd.

Diese 15. Reigen zusammen machen einen Stern von 5. außwerts gebogenen Ecken.

Im übrigen ist diese Platte wie ein Spinnrücken anzusehen.

Wann er aber umbgekehret lieget/ist er zierlicher anzusehen/ist gantz ähnlich den jetzt gebräuchlichen fremden Mannesmutzen/die in unterschiedlichen gerundten Wülsten getheilet sind.

In dieser Lage erzeiget sich auch in der Mitte ein fünffeckichter schlechter Stern / welches ich für seinen Mund halte/den er auff und zu ziehen kan als eine Tasche.

Rund umb diesen Stern herumb sitzen kleine schwartze Pflecklein in Reigen Stern weise.

Weiter vorwerts umb den Mittelstern oder Mund gehet ein breiter hervor wie eine Blume von Hanenfuß gestaltet.

Von den Mittelstern oder Mund gehen 5. Arm oder Füsse herauß/welche bey ihren Ursprung keine Zacken haben / sondern hinter den Blum-formigten Stern/erstlich dieselbe an beyde Seiten bekommen/und biß zum Ende außgehen.

Die Pucklen zwischen den Beinen die ich mit den Mutzen verglichen/ sind gelinde wie die Haut im Ey anzugreiffen.

Die Beyne sind wie Schuppen an zu sehen/drey quer Finger lang / sind bey den Anfang/ da sie Zacken bekommen breiter/und gehen nach gerade spitziger zu.

Zwischen den Schuppen an beyden Seiten gehen die Zäcklein häuffig hervor/

vor / gemeiniglich drey oder vier an einander / wie Feigwartzen an zu sehen / daher ich auch schliesse / daß er zu der Feigwartzen könne gebraucht werden.

Wenn er im Wasser schwimmet / breitet er die Zacken von beyden Seiten von einander / wie die Vögel im fliegend ihre Federn außbreiten. (Tab. P gezeichnet mit d.)

Der ander Sternfisch.

Nach diesem ist mir auch ein ander schöner Sternfisch vorkommen / den man eher Corallenfisch nennen möchte / weil er den Corallenzweigen gantz ähnlich siehet / dafür ich ihn auch ansahe / ehe ich in ihm Leben vernahm.

Ist röther von Farben als die vorige / denn der vorige ist Dunckelroth.

Der Cörper ist zehneckicht / hat oben einen Stern von eben so viel breiten Strahlen / einen ieden Strahl mag man vergleichen mit einen Flügel von einer Handmühlen / da die Kinder gegen den Wind mit lauffen / oder auch mit den Creutzstücken / der jenigen Creutze / so fornen breit und hinten spitz zugehen.

Ist scharff anzugreiffen / wie die Haut von Hay.

Der unter Theil des Corpers ist sehr zierlich an zu sehen / in dessen Mitte erzeiget sich ein sechseckichter Stern / welchen ich vor seinen Mund halte.

Umb diesen seinen Mund ist er weich / biß da die Arme anfangen.

Zwischen den Anfang seiner Armen (oder Beine) hat er weiche holen / wie Wapenschilde.

Die Beine sind da sie anfangen dicke / haben auch allda in der mitte eine länglichte hole wie eine Renne / so auch weich anzugreiffen ist / an den rand / sind sie mit Schuppen die auff einander liegen gezieret / nicht anders als wann es eingeschnürte Corallen wären.

Unten aber seynd die schuppen in einander geflochten als Stricke / so aber in der mitte vorwerts kleine schwartze strichlein haben.

Die schuppen aber liegen auff einander wie Krebsschilde / oder Tachsteine.

Ferner da die Beine aus den Cörper heraus gehen / breiten sie sich zweyfach von einander / gleichsam in äste / und sind wie gedacht in der Mitte hol / biß da sie sich vielfältig von einander breiten und dünne werden.

Die untersten kleinen Aste seind rund herumb schuppig / aber nicht geflochten wie Stricke / gehen an ihren enden spitzig zu als Spinnenfüsse / daher sie auch von den Seefahrenden Meerspinnen genand werden.

Wann er im Wasser schwimmet hält er die Füsse zusammen und rudert alsofort.

Ich habe dieser art gehabt einen / der war Spannen lang von einem Ende des Fusses biß zu den andern der gegen ihn über stund. Die-

Cap.6.　　**Vierdten Theils/ von Floßfedrigten Fischen.**

Dieser aber den ich abgebildet war kleiner/ es sind andere noch kleiner.

Die grösten seynd die schönsten von Farben.

Stirbt balde wenn er aus dem Wasser kompt und krümmet im sterben die Füsse nach dem Munde zu/ wie ich nachmals auff meinen Spanischen Reisen bey Calis die Seepferde (so Hippocampus genennet werden, habe sterben gesehen.

Der Todte Cörper fällt balde von einander/ wann die subtile haut zwischen den Schuppen faulet/ welches auch die Ursache ist/ daß ich die grossen nicht hab bringen können. Tab. P. gezeichnet e. Der Herr Rondelet in seinem Buch von Seefischen/ da er von den Sternen handelt hat einen gleichförmigen Sternfisch abgebildet/ aber ist nicht derselbe weil er schwartz ist/ auch find ich nicht die Schilde darin/ es wäre denn sache daß der Mahler solche nicht betrachtet hätte.

Dieser beiden Geschlecht etliche bekamen wir den 5. Julii. vor den Weyhegatt/ da uns ein Wallfisch entkam/ der Strick daran die Harpune feste war verwickelte sich umb eine Klippe/ an den Stricke hatten diese Sternfische sich angehenget/ oder vielmehr angesogen/ daß ich sie also lebendig bekommen konte.

Das Sechste Capitel.
Von etlichen Floßfedrigten Fischen/ die man ohne den Wallfisch/ auff Spitsbergischer Reise sichet.

Ehe ich zum Walfisch schreite wil ich vorher gedencken etlicher Floßfedrigen Fische so ich auff der Reise nach Spitsbergen angetroffen habe/ unter welchen etliche durch des Rögens abwurff sich mehren/ etliche aber Jungen bey sich tragen.

Ich wil anfangen von der ersten arth Fischen/ von welchen mir zu erst vorkommen ist/ der Fisch so bey uns Mackreel genennet wird.

1. Mackreel.

Dieser Fisch ist dem Hering gleich von gestalt.

Hat aber auff dem Rücken oben eine grosse Floßfeder/ unter welcher nahe an ein gar kleine sitzet.

Hernacher unterwerts sitzet eine grössere breite/ aber nicht so hoch erhaben wie die oberste/ unter diese sitzen fünff kleine gleicher grösse/ gleiche weit von einander.

Nahe an dem Schwantz sitzet eine kleinere.

Daß also auff dem gantzen Rücken zwey grosse/ und sieben kleine sind.

Bey den Kewen sitzet auff jeder seite eine Floßfeder/ unten am Bauche sitzet wiederumb an jeder seite eine fast gleicher grösse mit den bey den Kewen.

Unterwerts nach dem Schwantze zu sitzet, eine gleicher grösse mit der dritten des Rückens.

Hinten sitzen wiederumb fünff gleicher grösse.

Und da hinten noch ein kleiner/ daß also die am untersten Rücken/ gleicher zahl sind/ mit denen so unten am Bauche sitzen.

Der Kopff ist wie ein Heringskopff.

Hat ein hauffen kleine löcher an den Kewen deckel/ wie auch unten die Augen.

Er hat vielerley Farben/ und schöner weil er lebet als wenn er Tod ist/ den im sterben verwandelt er seine Farbe und wird gantz bleich.

Von den Rücken an biß auff die Seite hat er schwartze Striche.

Oben auff den Rücken biß auff die Helffte ist er blau / und unten auff die Helffte grün und blau durchscheinend.

Unten am Bauche ist er Silber-weiß.

Die Floßfedern seynd überall weiß.

Alle Farben an diesen Fisch glänzen als ein Silber/ oder gülden Grund/ mit dünnen Farben überstrichen.

Die Augen sind schwartz.

Er ist der schönste Fisch von Ansehen den ich gesehen.

Dieser ward gefangen in der Nord-See.

Hernach im Jahr 1673. den 27. Junii fiengen wir etliche Makrelen hinter Schottland bey den Inseln St. Kilda/ die waren alle halb blind.

Dieses ist eine schwartze Haut/ die ihnen den Winter über die Augen wächst.

Und im Anfang des Sommers abnimbt.

Des Winters siehet man sie nicht/ denn sie Norden lauffen.

Im Sommer siehet man sie in der Nord-See / und ich habe sie auch in Spanien gesehen.

Wir fingen sie auff nachfolgende Art/ wir bunden an ein dünn Strick eine Kugel von 2. biß 3. Pfund schwer/ auff ein Fadem lang vom Ende / darein ein Angel feste gemacht.

Auff den Angel stecken sie ein wenig roth Tuch und werffens ins Meer/ das schleppen sie hinter den Schiffen her/ und wenn der Makrel geschwinde darnach zu laufft/ beist er nach den Angel und wird daran feste/ welches man alsobald im ziehen

Cap. 6.   Vierten Theils von Floßfedrigten Fischen.   91

ziehen des Stricks mercket/ wie andere Fisch gefangen werden / und wiewol das Strick/ schwer von der See/hinter sich gerissen wird/daß/ so man das Strick umb die Hand bindet/man die Hand todt binden solte / daß man unempfindlich darein schneiden konte/darumb binden sie die Stricke / wenn das Schiff schnell siegelt/an das Heckbort/ das ist das außgeschnitten Holtzwerck hinten am Schiffe/ offt das viele Stricke bey einander hinten vom Schiffe treiben/ hindern aber viel ein Schiff im siegeln/ich wil wol sagen/daß zwey solcher Stricke so starck hinter sich ziehen/als ein Mann halten oder ziehen kan.

Sie werden auch mit Hering gefangen / sie stecken ein Stück davon auff den Angel/und daran beist er besser als an den rothen Lappen.

Wann sie viel seynd werden sie gar häuffig gefangen wie Schellfische/ welche auch auff solche Art gefangen werden.

Denn man wirfft so balde keinen Angel in die See/ der Fisch beist daran/ und wird gefangen in grosser Menge.

Also frisch die Makrelen gesotten oder gebraten/und gessen/ schmecken besser als die eingesaltzen/oder die man trucknet / welche gantz dürr und mager seynd/ deßwegen sie auch übel zu verdauen sind.

2. Drachenfisch.

Dieser Fisch ist ein sonderlicher Fisch wegen seiner Floßfedern auff den Rücken/derer er zwey hat/aber die foderste davon hat gar lange Faden/ so ohne Zwischenhaut sind/ welche von dem Rücken ab / etwa ein paar Finger breit erhoben ist. Die hinter Floßfeder des Rückens ist nicht so hoch / gehet doch längst den Rücken länger herab/und ohne solche Faden.

Hat keine Kewen.

An statt derselben hat er zwey Blaslöcher im Nacken/ und zu beyden Seiten dieser Blaselöcher sitzen zwo kurtze Floßfedern / und unter diese an jeglicher Seite eine breitere.

Unten am Bauche hat er eine lange gar schmale Floßfeder / so biß zu den Schwantz gehet.

Der Kopf ist länglicht aus vielen Graten oder Beinen zusammen gesetzt.

Hat fornen/ auff der Nasen / als einen erhoben stumpffen Zacken.

Sein Schwantz ist über ein Zoll breit/forne stumpf hinten breit.

Die Grösse reichet nicht über ein Spanne.

Der Leib ist lang/ schmal und rundlecht/ hat von Farben Silbergrau und glänzend.

Seine Gestalt gleichet sich am allernechsten einen jungen Hay/ so wol am Kopffe als übrigen Leibe.

M ij   Er

Er wird gefangen zwischen den Bären Eiland und Spitsbergen.

Wir bekamen einen hinter Hitland / da unser Koch den Wasser-Eimer in die See warff/ darin fingen wir einen/ und noch ander gar kleine Fischlein wie Hering gestaltet/ waren aber nicht grösser als das kleineste Glied an Fingern.

Unser Schiffleute berichten mich noch von andern kleinen Fischen/welche in den tieffen Hölen sich halten/zwischen den hohen Bergen/ da sich das Seewasser samlet an dem Ort forn in dem Südhafen oder Südbay/ da noch etlich tausend ledige Fässer oder Kardelen stehen/ich kan nicht gewisse wissen / ob diese Fässer von gebliebenen Schiffen seynd/ oder ob sie mit willen dahin gesetzt seynd/ wenn etliche Schiffe derselben bedürffen.

3. Meerschwein oder Tunin.

Dieser ist auch ein gemeiner Fisch weil man sie überall häuffig im Meer sihet.

Fürnehmlich vor einem Seesturm/ springen sie häuffig auß dem Meer wie Seehunde.

Der Kopf / insonderheit dessen Schnabel ist den Butsköpffen am ähnlichsten.

Das Maul ist voll kleiner scharffer Zähn.

Hat eine Floßfeder mitten auff den Rücken/welche nach den Schwantz zu/ wie ein halber Mond außgehölet ist.

Am Bauche sitzen zwey Floßfedern/ wie des Walfischs.

Diese Floßfedern werden Finnen genannt an grossen Fischen als an diesen und an Walfischen/seynd nicht wie die an kleinen Fischen Graten / und mit einer dünnen zwischen Haut zusammen gefüget / sondern sie seynd mit Fleische bewachsen / und mit einer dicken Haut umbgeben / inwendig aber seynd sie mit Knochen gegliedert.

Der Schwantz ist breit/ und gestaltet wie ein Walfischs Schwantz/. ist in der Mitte nicht eingekerbet / und ist von einem Ende zum andern krum wie eine Sichel.

Er hat kleine runde Augen.

Von Farben seynd sie über den meisten Theil des Leibes schwartz.

Am Bauche weiß.

Seynd groß von fünff biß acht Schue lang/wie ich sie gesehen.

Sie lauffen gantz schnelle gegen den Wind als ein Pfeil aus einem Bogen.

So viel habe ich von diesen Fischen vernommen/und weil sie auff Grönländischen Reisen gesehen werden/anhero setzen wollen/man bekombt selbige die meiste Zeit von ungefähr/und man wendet keine sonderliche Mühe auff sie zu fangen.

Darumb laß ichs mit dieser Beschreibung beruhen / und weil sie in andern Büchern abgemahlet und beschrieben / habe ich nicht dem Leser hiemit wollen beschwerlich seyn.

Die Figuren aber davon ich in diesem Buch gemeldet / habe ich / wie die andern alle nach dem Leben abgerissen / wil es aber sparen biß zur andern Zeit / wenn mehr Beschreibung verhanden / sollen sie wie die andern in Kupffer gestochen werden.

4. Butskopf.

Des Butskopfs Kopf gehet fornen stumpf nieder / an dem ein Schnabel / der forn und hinten gleiche dick ist, weßwegen er auch von dem Tunin unterschieden ist an welchem der hinter Theil dicker und fornen spitzer ist.

Die Floßfeder / oder wie die Seeleute reden / die Finne / ist gleich der Floßfeder eines Tunins.

Die fordern aber am Bauche seynd gleicher des Wallfisches denn des Tuninen Floßfedern.

Der Schwantz ist auch des Walfisches schwantz ehnlicher.

Er hat ein Blaseloch oben im Nacken / dadurch er, das Wasser ausblaset / er blaset aber nicht mit solcher macht / und in gleicher höhe wie der Walfisch / den der Walfisch blaset das Wasser heraus einen Springbrunnen gleich / dieser aber als wenn ich aus der gantzen breite des Mundes ausspeye / oder wenn ich aus ein ander gefäß lasse Wasser auff die Erde fallen / daß von einander sprützet.

Am klange ist auch ein unterscheid im sprützen dieser Fische / denn ein Butskopff / wenn er Wasser ausblaset / rusgert er nur gleichsam; eines Malfisches blasen aber brauset wie ein Stück von fernen gehöret wird.

Die Augen des Butskopffs seynd klein nach seiner grösse.

Ich habe sie gesehen 16. 18. biß 20. Schue lang.

Von Farben seynd sie braun auff den Rücken.

Die Stirn war braun und weiß gemarmelt an dem / so ich abgerissen.

Unten am Bauche seynd sie weiß.

Sie lauffen nahe an den Schiffen / denn man sie wol mit einem Stocke stossen kan / und halten lange bey den Schiffen an / das ander grosse Fische nicht so lange thun / denn wen sie Schiffe sehen scheuen sie sich dafür.

Sie lauffen alle gegen den Wind / wie Walfische / Finnenfische / und Tuninen.

Ich halte gäntzlich davor das sie dem Ungewitter gedencken zu entrinnen / und etliche tage zuvor, schmertzen an ihren Leibern empfinden / wie man an etlichen Fischen siehet / daß sie hefftig im Wasser toben / welches ich nicht vor spielend ansahe /

Spitsbergischer Reise/

ansahe/sondern für eine Gliedsucht/wann einem das Marck gleichsam im Beinen brennet/ und nichts eusserlich gesehen wird von geschwulst röthe und dergleichen/hält gemeiniglich also lange an/biß der Peiniger oder Ostwind vorbey.

Noch ein ander Art grosse Fische sahen wir/ möchten wol eher Butskopffe genennet werden/denn der Kopff ist ihnen fornen gantz stumpff/ und haben eine Floßfeder ist dreymal so hoch wie die andern Butsköpffe auff den Rücken stehen/von Farben seynd sie ein wenig dunckelbrauner/ in grösse fast gleich.

Wir sahen sie nicht mehr als etlich mal im Wasser tummeln/ seynd aber keine Schwerdtfische/ davor man sie ansehen möchte/wegen der hohen Floßfeder die oben auff ihren Rücken stehet/seynd auch nicht solche Art wie die Taumeler/oder nach unser Sprachart Tümeler/ welche man siehet zwischen der Elbe und dem Hilgen Land.

5. Weißfische.

Durch diese Fische verstehe ich nicht die kleinen die man hier zu Lande Weißfische nennet/sondern einen grossen Fisch/in Grösse wie ein Butskopf.

Von Gestalt aber ist er einen Walfische gleich/ hat auff den Rücken keine Floßfeder/ unten hat er zwo Floßfedern/ wie ich von andern/ die ihn gefangen hatten/berichtet bin.

Der Schwantz ist eines Walfisches Schwantz ähnlich.

Hat ein Blaseloch auff dem Kopffe/ da er/ wie ein Walfisch/ Wasser außbläset.

Hat auch auff dem Kopffe einen Puckel wie ein Walfisch.

Von Farben ist er gelbweiß.

Er hat Speck genug nach seiner Grösse/mir ist gesaget von denen die ihn gefangen/daß sie eine Kardele voll Specks von ihm bekommen.

Es ist aber das Speck gantz weich/ deßwegen die Harpunen leicht außreissen/darumb wendet man auch keine grosse Mühe auff sie zu fangen.

Wenn man sie häuffig siehet/ gläuben die Schiffer daß es einen guten Walfischfang bedeute/den wenn diese gute Nahrung finden/ finden die Walfische ihre Nahrung.

Wir haben ihrer etliche hundert gesehen den 19. Junii/ eben wie wir zu thun waren mit einem Walfische/weßwegen wir auff dieser Weißfische Fang wenig gegeben.

6. Vom Einhorn.

Das Einhorn wird selten dieser Gegend gesehen/ wie ich denn auch nicht das Glück gehabt/selbigen auff dieser meiner Reise anzutreffen.

Hingegen werden sie bißweilen häuffig gesehen.

Ich finde sonsten die Figur/so ich in etlichen Büchern gesehen/nicht überein stimmend mit dem was mir davon gesaget ist. Als insonderheit bin ich berichtet/daß er auff den Rücken keine Floßfeder habe/ welche ihm doch von andern angemahlet wird.

Im Nacken hat er auch ein Blaseloch.

Wenn sie im Wasser lauffen/sollen sie ihre Hörner oder vielmehr Zähne aus dem Wasser halten/und also Troppenweise lauffen.

Die Gestalt des Leibes gleichet sich einem Seehunde.

Die untersten Floßfedern und der Schwantz gleichen des Walfisches Floßfedern und Schwantz.

Etlicher Haut ist schwartz/etlicher wie ein Apffelgrau Roß.

Unten am Bauche seynd sie weiß.

Sollen von 16. biß 20. Fuß lang seyn.

Sie lauffen gantz schnelle/ daß ob sie gleich gesehen werden/werden sie doch selten gefangen.

7. Sägenfisch ins gemein genannt Schwerdtfisch.

Dieser Fisch hat den Nahmen von der Säge/ welches ein langer breiter Knoche ist an der Nasen fest/ an beyden Enden mit spitzigen langen Zähnen wie ein Kam/oder wie eine Säge anzusehen.

Er hat zwey Floßfedern auff den Rücken.

Die oberste Floßfeder ist den Butskopffen am ehnlichsten.

Die unterste hat hinten nach dem Schwantze zu/ eine höle wie eine Sichel/ und wo die auffhöret/eine ander wie eine halbe Sichel.

Unten am Leibe hat er vier/an jeder reige zwo/ davon die obersten die breitesten und längsten nach dem Kopffe zustehen.

Die untersten aber sind etwas kurtzer und schmaler/ stehen recht unter der Obersten Rückfloßfeder.

Der Schwantz gleichet sich dem Holtz/ worüber die Färber die strümpffe ausdehnen/hinten spitz/unten breit wie ein Hacke.

Der Schwantz ist ungespalten/ ꝛc.

Gegen der untersten Rückfloßfedern zu ist der Schwantz dünner.

Die ander gestalt vom Kopffe biß an den Schwantz gleichet sich etwa eines Menschen blossen Arm.

Die Nasenlöcher seynd länglicht/gehen von unten biß oben durch.

Die Augen stehen ihm fornen hoch aus dem Kopf/nach Art der Hayen.

Das Maul sitzet recht unter die Augen/auch nach Art der Hayen überall/sie haben Käfen wie die Hayen.

Die Grösse ist von 2 biß 20 Fuß.

Die Sägen-Fische oder Schwert-Fische haben Feindschafft mit den Wall-Fisch/ und Fin-Fisch.

Sie versammlen sich viel dabey/ und verlassen den Wallfisch nicht/ biß er deß Todtes/ denn fressen sie von ihm nichts mehr als die Zunge/ das ander lassen sie alle liegen/ wie das gesehen wird an den todten Wallfischen/ so von den Schwertfischen getödtet.

Ich habe selber gesehen auf der Ruckreise einen Kampff mit dem Schwert- und Wallfisch/ die hefftig im Wasser tobeten/ mit Schlagen und Springen/ und habe vernommen/ wann solches bey gutem Gewitter geschicht/ lassen sie die beyde miteinander kämpffen/ biß der Wallfisch todt/ und bekommen denselben ohne sonderliche Mühe.

Eilet man aber mit Schlupen nach dem Walfisch/ so verjaget man die Schwert-Fische/ und lauffen alle davon.

8. Hay.

Seynd vielerley Art.

Hat zwey Floßfedern auf dem Rucken/ davon die höheste der Butskopfen obersten Floßfedern am ähnlichsten.

Die unterste aber ist oben und unten gleiche breit/ ist aber oben eingebogen wie eine Sichel.

Hat unten am Leibe 6 Floßfedern/ davon die vordersten 2 die längsten/ und einer Zungen ähnlich seynd.

Die 2 mittelsten aber seynd etwas breiter/ als die oben/ nach dem Schwantz zustehen/ von Gestalt auch also.

Die zwey letzten unten beym Schwantz seynd vornen und hinden gleiche breit/ etwas kürtzer als die mittelsten.

Der Schwantz ist sonderlich von Gestaltniß wie der halbe Schwertfisch/ hat aber unten einen Spalt da er getheilet ist/ und der ander Theil gleichet sich einem Blatte von Lilien.

Der gantze Fisch ist lang/ rund und schmal/ und nach dem Kopff zu ist er am dicksten.

Hat eine lange Nase.

Das Maul sitzet ihm unten wie am Schwerdtfischen/ ist voller scharffer Zähn/ 3. reigen unten/ und 3. reigen oben bey einander.

Die

Cap. 6. Vierdten Theils / von Floßfedrigten Fischen.

Die Augen sitzen ihm etwas nach fornen höher als hinten / nach arth wie an Schwerdtfischen / hoch aus dem Kopf / und seynd länglicht / gantz helle dabey.

Hat an ieder Seite fünff Käsen / wie Schwerdtfische.

Seine Haut ist hart und dicke / scharff im Angriff / so man dagegen von Schwantz nach dem Kopf zu streichet.

Ist von Farben grau.

Wachsen von 2. biß 3. Faden lang.

Ist ein fressiger Fisch / beist grosse Stücke von Walfischen / als wenn mit Schauffeln darein gegraben wär / fressen von manchen Walfisch unter Wasser alles Speck ab / daher es kombt / als die Schiffleute sagen / sie haben einen halben todten Walfisch gefunden / und die Raubvögel helffen mit dazu / denn was unten nicht außrinnet / geret von oben aus.

Sie haben eine grosse Leber / darauß man Oehl macht / wie man auß deß Wallfischs Fette Trahn brennet.

Auß ihren Rücken schneidet man Fleisch / das henckt man etliche Tage im Winde / hernacher gekocht und gebraten / schmeckt / da man nicht anders haben kan / gut genug.

In Spanien werden keine Haj weggeworffen / und der sie essen wil / muß sie mit Geld bezahlen / wie ander Fische.

Die kleinesten seynd die besten.

Seynd begierlich auf Menschen Fleisch / fressen manchen Menschen der sich in der See badet / davon man viel Beweiß hat / und hie alles zu beschreiben / viel zu weitläufftig wird seyn.

Man fanget sie am besten auf nachfolgende Art.

Sie nehmen einen grossen Angel / der an einer starcken Ketten feste gemacht / auf den Angel stecken sie ein stück Fleisch / und lassens beym Schiffe nieder in die See / darauf laufft der Haj zu / und verschlingt das Fleisch mit dem Angel / dann holen sie den Strick / daran der Angel mit einer Ketten fest / wieder in das Schiff.

Wann aber der Haj mercket / daß er feste ist / braucht er seine äusserste Macht / und gedenckt den Angel abzubeissen / das ihm aber verboten ist / denn das Eisen ist ihm zu hart abzubeissen.

Ein Strick achtet er nicht groß / das beist er voneinander wie Fleisch.

Doch habe ich sie auch mit Stricken daran ein Angel feste gemacht / in Spanien fangen sehen / waren aber nicht gar groß.

Wann man sie nun gefangen / und in das Schiff gezogen / spielet man mit Prügeln auf ihre Köpffen / davon sie sterben / und nicht mehr zu Wasser wollen / man werffe sie dann darein.

Das

Spitsbergischer Reise/

Das Siebende Capitel.
Vom Wallfisch.

DEr insonderheit so genandte Wallfisch/weßwegen unsere Schiffer nach Spitsbergen am meisten reisen/ist von andern Walfischen unterschieden/fürnemlich wegen der Floßfedern/ und wegen seines Mundes/da er keine Zähne inne hat / sondern an dessen statt/ lange schwartze und etwas breite Hornechte Bleche/ mit rauchen Haaren da die Bleche dün zugehen / häuffig bewachsen ist.

Wegen seiner Floßfedern ist er unterschieden von dem Finfische.

Denn der Finnfisch auf dem Rucken eine Floßfeder trägt / der insonderheit aber genandte Wallfisch hat auf dem Rucken gar keine.

Sonsten sitzen hinter den Augen zwo Floßfedern / oder Finnen/ nach deß Fisches Grösse gestaltet/mit einer dicken schwartzen Haut überzogen / schön gemarmelt mit weissen Strichen/ oder wie man in Marmorsteinen sihet Bäume Häuser und dergleichen. In eines Fisches Schwantz war die Zahl 1222 schön in gleicher Reige gemarmelt/ als wenn sie mit Kunst darauf gemahlet war.

Dieser Marmor an Wallfischen ist wie die Adern im Holtz Bund laufsend/ und durchgehens / oder rings umb den mittelsten Kern deß Baumes sitzen. Also auch die weissen und gelben Striche / beydes durch die dicke und dünne Haut wie Pergament gehen/und machen dem Walfische ein zierliches Ansehen.

Wann die Floßfedern aufgeschnitten werden/ finden sich unter der dicken Haut Knochen/ wie ein Menschen-Hand anzusehen / mit außgestreckten Fingern/zwischen den Gelencken sitzen steiffe Sähnen/ welche springen wann sie auf die Erden mit Macht geworffen werden/wie die Sähnen von grossen Fischen als Stören empor springen/ oder die Sähnen vierfüssiger Thiere.

Von Wallfischen Sänen mag man Stücke schneiden / als Menschen-Köpffe groß/springen starck wie eine Seite vom Bogen einen Pfeil treibet/ also/ wann man eine Wallfischs Söhnen hart zur Erden wirfft/dringet sie nach/und wird in die Luft empor gestossen.

Der Wallfisch hat sonst keine Floßfedern oder Finnen mehr als diese zwo/ damit rudert er/wie man mit kleinen Fahrzeug oder Schlupen riemet.

Der Schwantz stehet ihm nicht wie den Heringen/Karpffen und dergleichen Fischen/ sondern lieget breit/ wie an Finnfischen/Butskopffen/ Tuninen und dergleichen/ist drey/vierdtehalb/und die grösten vier Klaffter oder Fahmen breit.

Der Kopff ist der dritte Theil vom Fisch. Etliche haben auch grösser Köpffe/fornen an den Lefftzen unten und oben sitzen kurtze Haar.

Die

Cap. 7. **Vierdten Theils/ vom Wallfisch.**

Die Lefftzen seynd gantz schlecht/etwas rund gebogen wie ein Lateinisches S und enden sich hinter den Augen vor den Floßfedern oder Finnen.

Oberhalb der oberen gebogen Lefftzen/ hat er schwartze Striche/ etliche dunckelgrau/ seynd wie die Lefftze rund gebogen.

Die Lefftzen sind glatt/gantz schwartz/ein viertel eines Zirckels rund / wann er den Mund zusammen ziehet/schliessen beyde Lefftzen in einander.

Inwendig in den oberen Lefftzen sitzet das Fischbein/ sonst Báren von den Seefahrenden genennet/braun und schwartz auch gelbe von Farben / mit bunten Strichen/ wie Finnfischs Fischbein oder Baren.

Von etlichen Walfischen ist das Fischbein blau/ und lichtblau/ welche beyde man hált von jungen Walfischen zu seyn.

In einem von meinen Abrißen ist das Fischbein zu sehen auff der Tafel Q gezeichnet mit a.

In dem ander Abriß mit geschlossenem Maul siehet man nicht den Fischbein.

Recht fornen an der unter Lefftzen/ist eine Höle/ da der oberste/ oder der forderste Schnabel hinein gehet/ wie ein Messer in die Scheide gehet.

Ich halte gántzlich davor/daß er durch diese Höle das Wasser daß er außsprützet/in Rachen ziehet / wie ich auch von andern Seefahrenden solches vernommen habe.

Inwendig im Munde ist das Fischbein gantz rauch/wie Pferde Haar/ als an Finnfischen / und hánget von beyden Seiten umb die Zunge herunter voll Haar.

Etlicher Wallfische Fischbein ist etwas gebogen wie ein Schwert / etlicher wie ein Viertel vom Monde.

Das kleineste Fischbein sitzet vornen am Maul/ und hinten nach den Rachen zu/der mittelste ist der gröste und lángste/wol 2 auch wol 3 Mann lang/ dabey man leicht abnehmen kan/wie dicke ein solcher Fisch ist.

An der einen Seite in einer Reige sitzen dritthalb hundert Fischbein beyeinander / und an der andern Seite eben so viel/ machen zusammen 500 und noch mehr Fischbein über diese Zahl. X. denn man låst den allerkleinsten Fischbein sitzen/da man wegen der Enge da die Lefftzen zusammen schliessen/nicht beykommen kan/ daß man sie herauß schneiden konte.

Das Fischbein sitzet in einer platten Reige aneinander/inwendig ein wenig eingebogen / und von aussen nach außwárts/nach der Lefftzen gestaltet/überal wie ein halber Mond.

Das Fischbein ist oben breit / da es an der obersten Lefftzen feste sitzt/mit weissen harten Sáhnen an der Wurtzel überal bewachsen/daß man zwischen zwey stücker Fischbein einen Finger stecken kan.

Die weissen Sähnen sehen auß/wie die gekochten See-Katzen/oder Blat-fische/(Spanisch Cattula la mar)sind lieblich von Geruch/daß man wol davon essen solte/sind gantz nicht zähe/sondern lassen sich brechen wie Käse/schmeckten aber nicht also/wann sie faulen/stincken sie gantz heßlich wie ein fauler Zahn.

Da der Fischbein am breitesten ist/als unten bey der Wurtzel/ sitzt kleines Fischbein/und grosses durcheinander/ wie man in einem Wald kleine und grosse Bäume vermenget sihet.

Ich halte gäntzlich dafür/daß das kleine Fischbein nicht grösser wächst/wie man gedencken möchte/als wenn von dem grossen Fischbein etliche Stücke auß-fielen/und dieses kleine Fischbein an dessen statt/ wie den Kindern die Haar/wie-der wachsen/ist aber nicht also/ denn dieses Fischbein viel ein ander Art/hinten und forne gleicher dicke ist/fornen aber voll länger Haar wie Pferde-Haar.

Unten ist das Fischbein schmal und spitzig/und rauch von Haaren/ damit es die Junge nicht verletzet.

Außwendig aber hat das Fischbein eine Höle/ denn es ist umbgeleget wie ein Wasser-Rönne/da es aufeinander lieget/ wie Krebs-Schilde oder Dach-steine:sonst möchte es leicht die untersten Lefftzen wund machen.

Ich halte gäntzlich dafür/ daß das Fischbein zu alle das jenige/wozu man sonsten dicke Bretter gebraucht/kan appliciret werden/ denn man machet auß Fischbein Schachteln/Messerschalen/ Stöcke und dergleichen.

Ich wolte wol gedencken/daß auß den haarigen rauhen Fischen etwas be-reitet werden könne/ wie die Spanier die wilde Samperfische (savila genandt) zurichten/wie Flachs oder Hanff/ und darauß Bindgarn und dergleichen/ auch wol Tuch gemachet werden könne.

In den steiffen Kleidern wird er von den Schneidern genehet.

Das Fischbein zu zerschneiden/ist auch eine besondere Wissenschafft/mas-sen dazu vielerley Instrumenta von Eisen erfordert werden/ so man eben durch beschreiben jetzo nicht fürmahlen kan.

An dem untersten Maul forn seynd die Wallfische gemeiniglich weiß.

Die Zunge lieget zwischen den Fischbeinen/ ist unten gantz feste/ an der untersten Lefftzen/und ist groß/weiß von Farben/ mit schwartzen Flecken an den Seiten gezieret.

Sie ist eine weiche schwamigte Feiste/welche man übel zerschneiden kan/und machte dem Kapper Arbeit/(also nennen sie den Mann/welcher das weiche Speck in kleine Stücke mit einem grossen Messer hauet/ welchs mit andern Messern nicht wol kan zerschnitten werden/dieweil es zähe und weich ist.) Darumb man die Zunge wegwirfft/ sonst möchte man da leicht an Kardelen 5/6/ biß 7. und

mehr

mehr Trahn außbrennen/ aber wie gesagt/ man wirfft sie wegen der Weiche weg/ welche der Schwerdtfischen angenehmste Speisen sind.   Denn man siehet/ daß sie alleine umb der Zungen willen einen Walfisch tödten/ deren man viel auff solche Art von Schwerdtfischen getödtet findet/ wie ich selber gesehen/ und droben weitläufftiger gehandelt worden.

Auff den Kopf sitzt der Puckel vor den Augen und Finnen.

Oben auff dem Puckel sitzt an ieder Seite ein Blaseloch/ zwey gegen einander über/ welche von beyden Seiten krumb gebogen seynd/ als ein Lateinisches S oder wie das eingeschnitten Loch auff einer Viol/ daraus bläst er das Wasser gantz starck/daß es brauset wie ein holer Wind/ welchen man höret/ wenn der Wind in eine Höle/ gegen einer Ecke eines Bretes wehet/ oder wie ein Orgelpfeiffe.

Auff solche Art kan man den Walfisch hören Wasser blasen/ auff ein Meilweges/ wenn man ihm gleich nicht siehet/ wegen dicker neblichter und regenhaffter Lufft/ wie wir es selber gehöret vor dem Weihegat in Spitsbergen/ da uns ein Walfisch entlieff/ welchen wir höreten blasen/ viel ferner als wir ihn sehen könten.

Am allerstarckstenn aber blaset der Walfisch Wasser/ wenn er verwundet ist/ da er dann seine äußerste Macht versuchet/ dann lautet es also wie man im härtesten Sturm auff dem Meer die Meers-Wellen höret brausen/ wie man auch höret bey starcken Sturmwinden die Lufft brausen in den grossen Wassern.

Hinter dem Puckel ist der Walfisch mehr eingebogen als der Finnfisch/ im Lauff aber/ wenn man nicht gar genau darauff siehet/kan man sie beyde nicht wol unterscheiden/ wenn die Finne oder Floßfeder auff dem Rücken vor dem Schwantz den Finfisch nicht vom Walfisch unterscheidete.

Der Kopf des Walfisches ist oben nicht gantz rund/ sondern etwas flach und breit schmal dabey.

Ferner gehet er flach nieder/ wie ein Dach am Hause bey uns/ biß an die Unterleffze/ wann die oberste und Unterleffze zusammen schliessen.

Die Unterleffze gehet an den Seiten meist gleich nieder/ unten aber gantz breit/ breiter als der Walfisch an einem Ort des gantzen Leibes ist.

In der Mitte aber ist die Unterleffze am breitesten/ gehet noch fornen und hinten etwas schmaler zu/ nach Gestalt des Kopffes.

In Summa des gantzen Fisches Gestalt ist von unten wie ein Schuster Leist anzusehen.

Hinter dem Puckel da die Finnen sitzen/ zwischen beyden/ Puckel und Finnen/ sitzen ihm seine Augen/ welche nicht viel grösser seynd als Ochsen Augen/ mit Augenliedern und Haar gezieret/ wie Menschen Augen.

Der mittelſte Augen Criſtal iſt nicht gröſſer als ein groſſe Erbſe / hell und weiß / durchſichtig als ein Criſtal / klarer als an Seehunden / etlicher Farbe iſt gelblich / etlicher gantz weiß / ſeynd aber wol dreymahl ſo groß wie des Walfiſches.

Die Augen ſitzen dem Walfiſche gantz niedrig bey nahe am Ende der Oberlefftzen.

Es bringen einige mit von Spitsbergen Knochen / die ſie vor Ohren der Walfiſche außgeben. Ich habe aber nichts davon zu ſagen / weil ich keine Ohren am Walfiſche geſehen / ſo viel erinnere ich mich / daß ich gehöret / daß ſie tieff ſitzen.

Es höret aber der Walfiſch nicht / wenn er Waſſer blaſet / denn zu der Zeit iſt er am beſten zu ſchieſſen.

Der Bauch und Rücken iſt gantz rund / unten am Bauche aber ſeynd ſie gemeiniglich weiß / etliche aber ſeynd gantz ſchwartz / die meiſten habe ich weiß am Bauche geſehen. Zierlich von Anſehen / fürnehmlich wann die Sonne auff das Waſſer ſcheinet / die kleinen klaren Meeres-Wellen glantzen auff ihn wie Silber.

Etliche ſind auff den Rücken gemarmelt und am Schwantz.

Wo er verwundet worden / da bleibet allemahl eine weiſſe Narbe / und eine weiſſe Haut beſchlieſſet die Wunde / wie ich ſelber geſehen an unſern erſten Walfiſch.

Ich habe von einem unſern Harpunierer vernommen / welcher einen gantzen weiſſen Walfiſch gefangen in Spitsbergen.

Halb weiß hab ich ſie auch geſehen / einer aber war ein Weiblein / war zierlicher von Anſehen als der den wir zu letzt fingen / welcher ſchwartz und gelb gemärmelt war.

Die ſchwartz ſind haben nicht einerley Farbe von Haut / etliche ſeynd Sammet ſchwartz / Kohlſchwartz / Schleyſchwartz (wie ein Schleyfiſch.)

Wann ſie naß ſeynd / ſeynd ſie glatt wie ein Aal. Daß man darauff ſtehen kan / macht daß er weich wie ein ander groß Vieh iſt / da die Haut und Fleiſch von der Schwere halben eingedrucket wird / und machet eine Grube / ſo lange als man auf ihm ſtehet.

Die außwendige Haut iſt dünne wie ein Pergament / die man leicht mit den Händen abziehen kan / wenn der Fiſch erhitzet.

Ich kan nicht wiſſen / ob dieſe Haut von der innerlichen Hitze deß Fiſches alſo verbrennet / wann er trucken auf dem Waſſer lieget.

Die Sonnenſtrahlen haben hier ſo groſſe Krafft nicht / daß dadurch die Haut ſolte gedorret werden können / daß ſie leicht abzuziehen wäre.

Wir

Vierdten Theils / Vom Wallfisch.

Wir haben an unserm ersten Wallfisch befunden / daß er von seinem Lauff so schwehr entzündet / daß er lebendig stanck/ davon konten wir eines Mannes Länge grosse stücke Haut herabziehen / welches wir von andern Fischen nicht thun konten / die nicht so sehr erhitzet waren.

Aber von Fischen / welche etliche Tage todt gelegen / und fein trucken seynd/ da die Sonne zugleich mit darauf scheinet / oder wenns nicht regnet / kan man viel Haut abziehen / stinckt aber heßlich von Thran oder Fett / so durch die Schweißlöcher der Haut gehret / wie ein starck Bier.

Diese Haut weiß ich nicht sonderlich zu Nutzen zu machen / ich habe aber wol gesehen / daß Mägde solche umb den Flachswocken gewunden / auch wol auff den Spitzenküssen (oder wie wir sagen Knüppelküssen) gebraucht.

Sie verlieret aber die schöne weisse Farbe / wann sie trucken ist / denn Schwartzes mehr darunter ist / dabey sich das Weisse außnimbt / wie auch das Schwartze sich nicht außnimbt gegen dem Weissen / denn das Schwartze scheinet bräunlich.

Wenn man die Haut gegen der Luft hält / siehet man darinn viel kleine Schweißlöcher / wie man siehet an einem Menschen / welcher gantz warm ist / wenn man in das forderste Glied deß Fingers drucket / oder einen Faden darumb bindet / denn so brechen alsobald herauß gar kleine Schweißtröpfflein / also auch an deß Wallfisches Haut.

Sonsten kan man auch daher die Schweißlöcher dieser Haut erkennen / weil sie rauchen wie siedent Wasser wenn sie noch im Walfische ist.

Des Walfisch Männleins Glied ist ein starcke Sähne / und nach dem die Walfische groß seynd / 6. 7. und acht Schue lang / wie ich auch selbst gesehen.

Da das Glied lieget ist er am Leibe gespalten / und lieget das Glied wie ein Messer in einer Scheide steckt / da man von Messer nichts siehet / als ein wenig von der Schalen.

Des Weibleins Schaam ist wie an vierfüssigen Thieren gestaltet mit einer Ritze / umb diese Ritze ist sie mit zwey Brüsten erhoben / darauff sitzen zwey Wartzen wie an Kühen.

Etlicher Brüste seynd gantz weiß / etlicher mit schwartzen und blauen Flecken gezieret / wie ein Kyvits Ey.

Wann sie keine Jungen bey sich haben / haben sie kleine Brüste / sonsten verhält sichs mit ihnen wie mit andern grossen Fischen / und saugen ihre Jungen mit Milch.

Mir ist berichtet / wann ein Paar bey einander gehet / sollen sie die Köpffe aus dem Wasser bey einander halten / welches mir daher gläublicher zu seyn scheinet/

scheinet / weil sie sich nicht lang unter Wasser halten können / voraus in solcher Hitze.

Jungen sollen sie nicht mehr bringen als zwey/weil offt ein todter Walfisch beym Schiffe geborsten/dabey man nicht mehr als ein oder 2. Jungen gefunden.

Wie lange sie ihre Jungen tragen/kan man nicht eigendlich wissen/ etliche sagen wie eine Kuh/es ist aber ungewiß/man kans glauben oder lassen.

Des Walfischs Same/wann er frisch/riecht als Weitzen Meel mit Wasser gekocht/weil es noch heiß ist/ ist schön weiß/läst sich aber wie Fadem ziehen/ als heiß Briefelack/Hartz/Leim und dergleichen.

Wan er alt wird ist er gelb/endlich wie Musch Farbe/und wird übel stinckend/ und wachsen kleine rotliche Würmer / wie die graue Würmer / wie in der Tafel P gezeichnet mit C abgebildet ist.

Ich habe auch viellerley Art versucht seinen Samen frisch zu behalten/habe aber der Apotecker Walrath oder Sperma Ceti nicht herauß bringen können.

Man kan von Walfisch Samen gantz Eimer voll vom Wasser schöpffen. Denn dieser / so wol als der von Seehunden und Wallrossen / treibt auff dem Meer wie Feiste/werden bey stiller Lufft und Meer häuffig gesehen / daß auch das Meerwasser oben gantz unrein von Schleim wird.

Ich versuchte den Walfischssamen an der Sonnen zu trucknen / der ward wie ein Rotz/ wann der dünne Schleim davon vertrucknet / wird er gesehen mit langen Fadem/ welche dicker und schwerer sind/ als die man in der Lufft siehet.

Einen andern kochte ich in Seewasser/so wie ich ihn vom Wasser schöpfte/ biß das Wasser davon geraucht / da bekam ich etwas Saltz von Meerwasser/ und einen unflätigen braunen Schleim.

Den dritten kocht ich in frisch Wasser / der ward wie der in Seewasser gekocht/ und je länger ich ihn hernach verwahrete / je heßlicher stanck er/ und ward je länger je härter.

Den vierdten wolte ich verwahren in saltzen Meerwasser mit nach Hamburg zu nehmen/verging aber im Wasser wie Leim / und das Wasser ward faul und übel stinckend / also daß er in keinerley Weise der Apotecker Sperma Ceti gleich siehet.

Am Anfang des Schwantzes ist er viereckt /mit starcken und vielen Sehnen durchgewachsen / so man dieselbe trucknet/ seynd sie klar wie Hausenblasen. Aus diesen Sähnen machen die Schiffleute geflochten Peitschen / und seynd klarer wie des Walfischs Männleins Glied/ wenn sie trucken sind.

Seine Knochen seynd hart wie an grossen vierfüssigen Thieren / nicht wie an andern Fischen / als Gräten / löchericht wie ein Schwam / mit Marck oder
Feist-

Vierdten Theils/ vom Walfisch.

Feiste außgefüllet/ wann die Feiste darauß verzehret/ können sie viel Wasser halten/ und sind die Löcher groß/ wie die Löcher in den Wachsen Häußlein oder Werck/darin die Bienen Honig samlen.

Zwey grosse starcke Knochen halten die Unterleffße/ diese zwo Knochen liegen gegen einander über/machen ein Figur wie ein halber Mond/einer aber allein wie ein viertel Mond. Solcher Knochen habe ich etliche bey Spitsbergen gesehen am Strande 20.Schue lang/gantz weiß von Farben als wenn sie zu Aschen gebrannt waren.

Von solchen Knochen bringen unser Schiffleute zum Beweiß der grossen Wallfische mit hieher/ welche schön weiß außgebleichet seynd/ die aber von frischen Wallfischen mitgebracht werden/stincken heßlich/ von dem Marck das darinn behalten/ welches man auch an unserm Orte wol beweisen kan/an ander Thier Knochen/unnöthig weitläufftiger davon zu handeln.

Sein Fleisch ist grob und hart/wie Stier oder Bullen Fleisch anzusehen/ ist mit vielen Sänen durchgewachsen/ gantz dürr und mager so man es kocht/ weil die Feiste allein auff dem Fleische unter der Haut sitzet.

Etliches Fleisch scheinet grün und blau wie unser gesaltzen Fleisch/ insonderheit da die Muscheln zusammen treffen/ so man das Fleisch ein wenig beyleget/wird es schwartz und übel stinckend.

Das Fleisch am Schwantz läst sich am weichsten kochen/ ist auch nicht also dürr wanns gekocht/ wie das ander am Leibe/ wenn wir vom Wallfische geniessen wollen/ schneiden wir grosse Stücke/da er viereckt vor dem Schwantz ist/und kochens wie ander Fleisch/ Rindfleisch halte ich aber viel besser als von Wallfischen/ ehe einer aber todt hungern solte/wolte ich rathen Wallfischfleisch essen/seynd doch unser Leute nicht davon gestorben/ und die Franschen essen fast täglich/werffens auch zu Zeiten auff die Fässer/ da es schwartz wird/und geniessens doch.

Das Fleisch an Wallfischen/ wie auch an Seehunden sitzt gantz allein/und die Feiste sitzet oben darauff/ zwischen Haut und Fleisch/ ein Viertel von der Elen auff dem Rucken/und unten am Bauche dick/auch habe ichs gesehen/über 12.Daumen dick.

Von einer Floßfeder oder Finne/ nach dem sie von grossen Wallfischen seynd/kan man schneiden ein halbe Kardele Speck.

Das Speck von der unter-Leffßen ist über Elen dick/und ist das dickest am gantzen Wallfisch/die Zunge wie gesaget ist daran feste/aber gantz weich/und wie droben gesaget/kostet zu viel Mühe zu zerschneiden.

Das

Das Speck ist an etlichen Wallfischen viel dicker als an andern/nach dem sie groß und feist sind/wie bey andern Vieh und Menschen / einer viel magerer als der ander ist.

Im Speck sitzen kleine dicke Sähnen / denn das Speck ist wie von Knochen gesaget löcherich/aber subtiler / wie ein Schwamm voll Wasser/den man außtrucken mag/einen Knochen aber nicht.

Die andern dicken Sähnen sitzen besonders am Schwantz / da er am dünnesten ist / denn damit muß er sich kehren und wenden/ wie ein Steuer das Schiff/die Floßfedern aber seynd seine Ruder und nach deß Fisches Grösse mag er sich mit diesen beyden Floßfedern fortriemen/ also geschwind wie ein Vogel/ und machet einen langen Strich im Meer / als eine Durchschneidung vom Meer hinter einem grossen Schiff/ welches in schneller Fahrt oder Sturm siegelt/da das Wasser sich alsobald nicht beysammen geben kan, sondern nach der Durchschneidung ein wenig schlecht bleibet.

Die Nord-Kaper Wallfische (werden darumb also genennet/weil sie zwischen Spitsbergen und Norwegen gefangen werden weil sie nicht so groß sind/ geben sie nicht so viel Speck wie die Spitsbergischen / dann von den Nord-Kapern man nur 10/20/biß 30 Kardelen Speck schneidet.

Die mittelmässigen Spitsbergischen 70/80 und 90 Kardelen oder Fässer Speck/ seynd lang/ 50 biß 60 Schuh.

Unser grösster Wallfisch war 53 Fuß lang/davon schnitten wir 70 Kardelen oder Fässer Speck/ sein Schwantz war vierthalb Faden breit.

Schiffer Peter Petersen der Friese berichtet mich / daß sie einen todten Wallfisch gefunden / davon haben sie geschnitten 130 Kardelen Speck / der Schwantz sey vierthalb Faden breit gewesen/ er berichtet mich auch/ daß er nicht viel länger/wie unser grösster gewesen/als auch am Schwantz zu sehen ist/aber viel dicker und feister/wie leicht zu erachten / darauß man auch schliessen kan/daß die Wallfische nicht viel länger oder grösser/sondern in der Dicke zuwachsen/wie es die tägliche Erfahrung mitbringet/ ich habe auch nicht vernommen/ daß starcke Wallfische von Feiste gefangen seynd/werden auch selten gefangen/ sonst konten unser Schiffe so viel Wallfischs Speck nicht einladen/als von 10/15/biß 20 und noch mehr.

Solten aber die andern dicken feisten Wallfische/nach Menge deß Specks eine Grösse haben/man wurde sie fürwar nicht so leicht und gemachlich fangen/ wie die dicken Feisten/ welche leicht ermüdet werden.

Auff dem Speck oder Feiste / sitzet unter der obern dünnen/ und schon beschrieben Haut/ eine ander Haut Daumens dick. Nach Art und Grösse deß

Fisches

Fisches ist die Haut dicke/ von Farben wie der Fisch äusserlich gesehen wird/als wenn der Fisch schwartz/ so ist die unterste dicke Haut auch schwartz./ ist die oberste dünne Pergament-Haut weiß oder gelb / so ist die dicke unterste Haut auch also.

Die dicke Haut ist gantz nicht steiff und zähe/daß man sie zu Leder gebrauchen konte/sondern sie trocknet wie der Schwamm von Holunder/welche man Judas-Ohren nennet / welche/wann sie naß oder frisch/seynd sie dick und auffgeblasen/sonsten aber gantz bruchig wann sie trocken seynd / derentwegen man solche Haut nicht groß achtet.

Diese und die oberste dünne Haut so aneinander sitzen/ machen/ daß der Wallfisch/den ich sonsten für das stärckste Thier im Wasser ansehe/seine Macht nicht gebrauchen kan/weil sie zuweich sind/grosse Gewalt damit zu üben.

Von den innerlichen Theilen deß Wallfisches habe ich sonsten nichtes zu melden / als daß sein Gedärm leibfarbig von Ansehend/ waren voll Wind/der Koth darinn war gelblicht/ wie eine Farbe Schiedgeel genannt.

Deß Wallfisches Speise/ wie man meynet/ sollen seyn die kleinen Meers-Schnecken / so man sihet in der Taffel Q. gezeichnet mit e. davon am andern Ort gemeldet ist / die etliche vor Spinnen ansehen. Ob diese solche feiste und gute Nahrung geben/ kan ich nicht eigentlich wissen.

Etliche sagen daß er vom Winde allein leben soll/ so muste er nicht anders als Wind von sich lassen/ welches wir anders befunden/ als einen Dreck/ den man hat riechen/fühlen und greiffen können.

Ich habe von andern vernommen/ daß bey Hitland ein kleiner Wallfisch gefangen/ins gemein Nord-Kaper genandt/ der hat mehr als ein Tonne Hering bey sich gehabt.

Es seynd kleinere Wallfische/ als die man bey Spitsbergen fänget/seynd aber gefährlicher zu tödten / weil sie viel kleiner und geschwinder seynd/als die grossen Wallfische/ welchen das Wasser nicht so leicht weicht/wie diesen/denn sie springen und toben im Wasser / gemeiniglich mit dem Schwantz auß dem Wasser/daß man nicht nahe bey ihnen kommen mag/sie zu lantzen.

Was des Walfischs Sitten anlanget/ merckt man / daß er nach seiner Grösse behertzt seyn soll/denn wann er einen Menschen/ oder die kleinen Neben-Schifflein/ Slupen genannt/ siehet/laufft er unter Wasser wie ein wilder Vogel sich vor Menschen scheuet / wann er von dannen flieget.

Ich habe nie gesehen und von keinen vernommen / daß er von sich selber aus Boßheit den Menschen beschädigen wollen/als was er in Noth erreicht/das achket er wie ein Stäublein/ wie er auch die Schlupen achtet/ die er zu kleinen Splittern schlägt.

Seine Stärcke aber kan man sehen bey denen Fischern welche mit grossen Netzen ander Fische fischen/ wan sie dieselbe zu Lande ziehen wollen/ was vor eine grosse Macht dazu gehöret/ welche gegen dieser Macht nicht zu schätzen/ den der Walfisch lauft mannigmahl mit etliche tausend fadem Linien oder Stricke/ schneller alß ein Schiff siegelt/ und wie ein Vogel flieget/ das einem die Ohren sausen/ und offt grün vor den Augen wird/ und Schwindel im Kopfe veruhrsachet/ wie es einem vorkompt/ wan man von einer Höhe herunter springet oder fält.

Doch ein groß Schiff ist ihm zu mächtig/ den es harter alß seine Haut ist/ und wenn er gleich mit dem Schwantz daran schläget thuts ihm weher alß dem Schiffe.

In dem er aber laufft/ macht er einen Streich im Meer/ als wenn ein Streich durchgefahren ist mit vielen Wirbeln.

Der Walfisch hat auff das Vorjar seinen Lauff gegen Westen/ bey Alt Grönland und Jan Majen Eiland.

Darnach lauft er gegen Osten bey Spitzbergen/ dem folgen die Finfische/ so der Walfisch nicht mehr gesehen wird.

Vermutlich daß sie eine leidliche Kälte suchen/ den ich nach der Zeit/ Finfische in der Spanische See gesehen/ im Jahr 1671 und 72 im Monat December und Jenner.

Auch nach der Zeit im Jahr 1673 im Mertzmonat/ vor der Enge (Straht) von Gibraltar in der Mittelländischen See.

Er lauft gegen dem Wind/ wie andere Walfische oder grosse Fische thun.

Der Walfisch hat einen grossen Feind an dem Degenfisch/ der sonsten hier zu Lande Schwerdfisch genennet wird/ mochte aber viel eher Kamfisch genennet werden/ weil sein langer Zahn an beiden seiten/ voller Zähn oder Zacken/ am allernechsten einen Kam ehnlich sihet.

Auff der Rückreise nach Hamburg/ sahe ich dieser Feindschafft ein Lebendiges Exempel/ an einen Nordkaper Walfisch und Schwertfischen/ hinter Hitland/ sie tobeten mit einander so hefftig/ daß gleichsam das Wasser davon staubte/ bald lag einer bald der ander unten/ es sturmete ein wenig/ sonst hätten wir ihnen zu gefallen wartet/ liessen ihnen also ihren Willen/ und was sich weiter mit ihnen begeben/ haben wir nicht vernommen.

Unser Schiffleute berichten mich von diesem Streit des Walfisches mit

den

den Schwertfischen also/ wan sie sehen daß viel Schwertfische mit einem Wallfische streiten/ riemen sie nicht mit Schlupen zu ihnen/ den man mocht sie verjagen/ daß sie also von einander lauffen.

Sie lassen sie aber also miteinander sich begehen/biß der Walfich überwunden und getödtet ist. Alß den bekommen sie den Walfisch ohne grosse Mühe/die Schwertfische aber essen von den todten Aße des Walfisches nicht mehr als die Zunge/ das ander fressen die Haien/ Walrosse und Raubvögel/ welches an andern Orten schon gemeldet ist/ es stinckt aber des Walfischs Aeß gar heßlich/daß wann der Wind von Walfische her da er lieget/ auff die Menschen zuwehet/ kan man ihn riechen,weiter als ein halb Meil Weges.

Nicht aber alle frische getödtete Wallfische stincken gleich heßlich. Denn die/so vor etlichen Tagen verwundet gefangen werden/ stincken am heßlichsten/ und treiben am höchsten auß dem Meer/ da ander dem Wasser gleich treiben/ etliche aber sincken.

Sonsten haben die Wallfische auch wie andere Thier einige Kranckheiten/ davon ich aber nur allein habe hören sagen. Ein alter erfahrner Harpunier hat mich berichtet/ daß er einen Wallfisch gefangen/ welcher gantz matt gewesen/ die Haut überall am Fische/aber am meisten am Schwantz und Floßfedern habe gehangen schleimig/ als ob er alte Tücher und Bänder hinter sich her schlepte (wie ich auch wol gesehen an Hechten/Karpen/Karauschen und dergleichen) sey aber gantz mager dabey gewesen/ haben auch nicht viel Thran von ihm gebrant/denn das Speck sey gantz weiß gewesen/ und leicht dabey/wie die leeren Bienenhäußlein/ darinn die Bienen Honig tragen.

Vor einem Ungewitter toben und schlagen sie im Wasser mit dem Schwantz/ daß das Wasser staubet/ hat aber die größte Macht/und thut am meisten Schaden/ wenn er von der Seite mit dem Schwantz schlägt/ als wenn er meyet/daß man gedencken möchte/ er ringe mit dem Todte.

Von den Läusen werden sie hefftig gequälet/ davon droben weitläufftiger gemeldet ist/ die Figur deß Wallfischs Lauß kan man sehen in der Taffel Q. gezeichnet mit d.

Die Wunden so der Wallfisch von der Harpune im Speck kriegt/ heilen von sich selber zu/ das gesalzen Meerwasser kan nicht daran hefften/ solche Fische bekompt man viel/ welche von andern auff solche Art mit Harpunen geworffen seynd/und wiederumb geheilet/welche weisse Narben haben.

Spitsbergischer Reise/

Das Achte Capitel.

Vom Wallfischfang.

ERstlich ist zu mercken/ wann ein guter Wallfischfang/ werden viel Weiß-Fische gesehen.

Wo aber viel Seehunde gesehen werden/ ist kein guter Wallfischfang zu hoffen. Denn man sagt/ daß sie deß Wallfisches Speisen verzehren/ da dann solche kale Herberge die Wallfische meiden/ und besser Oerter suchen/ als bey Spitsbergen/ denn daselbst am Lande siehet man am meisten die kleinen Meerschnecken (kan man sehen in der Taffel Q gezeichnet mit e.) und vielleicht kleine Fische mehr.

Sie werden aber auff nachfolgende Art gefangen. Wo man Wallfische sihet oder blasen höret/ wird im Schiffe geruffen/fall/fall/ da muß ein jeder auff sein in der Schlupe oder (kleinen neben-Schifflein) welche ihm anbefohlen in jede Schlupe tretten sechs Mann ins gemein/ auch wol sieben/ nach dem die Schlupen groß seynd/sie riemen alle biß nahe an den Wallfisch.

Alsdann stehet der Harpunier auff/ welcher fornen in der Schlupen sitzt/ da die Harpune/ oder das scharffe Eisen wie ein Pfeil auff einem Stocke gleich einer Fleischgabel lieget/ und fornen auff dem fordersten Theil der Schlupen/ oder wie es die Seefahrenden nennen/Stegen/ das ist das breite Holtz/ daß von unten auff/ da das Schifflein am scharffsten ist/ forne auß in die Höhe stehet.

Wan aber der Wallfisch steil untenwerts im Wasser laufft/ziehet der Walfisch/ hart das Strick/ daß die Schlupe oben dem Wasser gleich ist/ auch wol solte zu grunde zihen/ wan man das Strick (oder Linie) nicht fahren ließ/ das geschicht am meisten wo es am tieffsten im Meer ist/ und da gehöret eine erschröckliche Macht zu/ so viel hundert Fahm oder Klaffter Stricke unter Wasser fort zu zihen. Ich erinner mich dabey wie wir im Jahr 1672 den 27 April/ bey S. Kilda hinter Schotland/ das Bley oder Lodt in die See worffen auf 120 Fahm oder Klaffter tieff/ bey stille von Winden/ alß wir es wieder auff-zogen/ war es schwer daß unsere 20 Mann daran auffzihen musten.

Diese Harpune nimbt der Harpunier/ und helt das Vordertheil/ oder das Eisen der Harpunen/ auff die Linckehand/ sambt den Vorgänger/ ist ein Strick oder Line von 5 biß 7 Fahm lang/ eines Daumens dick/ und ist rund auffgewickelt/ wie ein Ring/ damit es im werffen der Harpunier nicht hindert/ dan wenn er das Eisen wirfft/ folget alsobald das Strick/ oder Vor-

gänger/

Cap. 8.   **Vierdten Theils/ vom Wallfischfang.**   111

gänger welches schmeidiger ist/ alß das ander am Vorgänger feste strickt/ damit man den Walfisch verfolget.   Den es ist von subtilen Hanpf und nicht beschmiret mit Teer/ geschwellet aber im Wasser/ und wird davon hart.

Mit der Rechten Hand/ wirfft er die Harpune auff den Fisch/ wie zusehen in der Taffel A gezeichnet M.

Wann der Walfisch mit der Harpune getroffen/ keren sich alle Männer in der Schlupen umb/ und sehen nach vorne aus/ legen geschwind die Rismen auf beyde seiten der Schlupen oder Borten/ wie es von den Seefarenden genennet wird.

Ein Man welcher besonders dazu gedinget/ ins gemein Linienschiesser genant/ müß Achtung geben auff die Stricke oder Linien/ wie zusehen in der Taffel A gezeichnet N/ dann es lieget in jeder Schlupe ein gantze stell Linien oder Stricke/ zwischen zweien Fachen oder Bancken in der Schlupen.

Diese gantze gestell Linien oder Stricke ist getheilet in 3. 4. oder 5. Theil/ jedes Strick 80. 90. biß 100 Fahm lang.

Das erste Strick ist am Vorgänger/ oder an der dünnen Linien fest geknüttet/ und je mehr der Walfisch unter Wasser laufft/ werden die andern Stricke daran geknüttet/ und so noch nicht Stricke genug/ werden von andern Schlupen mehr daran geknüttet.

Diese Stricke oder Linien/ seind dicker und starcker alß der Vorgenger/ von steiffen Hanff gedrehet/ und mit Teer beschmiret.

Der Linienschiesser und die Männer in den Schlupen/ müssen wol Achtung geben das die Linie in schneller farth oder außlauffen nicht verwirret/ oder von der Seite der Schlupe komme/ sonst wird die Schlupe umbgeworffen/ und kostet manchen guten Man sein Leben/ wann nicht alsobald ander Schlupen dabey die sie retten.

Der Strick muß lauffen vorn über die Schlupen/ oder Stäfen/ von den Seefahrenden genennet. Und von schnellem Lauff entzündet das Holtz und Strick. Darumb der Harpunier allezeit einen nassen Tuch auff einen Stock gebunden/ nach Art eines Pinsels/ wie die Balbier zu bösen Hälsen gebrauchen/ von den Seefahrenden Dweiel genannt/ zur Hand hat/ damit netzet er ohne unterlaß das Holtz/ damit es das Strick nicht verderbe.

Die andern drey Männer in den Schlupen geben mit Achtung auff das Strick im außlauffen und einziehen/ mit halten/ welches die Seefahrenden Stopffen nennen/ was sie nicht mit den Händen halten können/ das winden sie vorn umb die Stäfe der Schlupen.

Ein

Spitsbergische Reise

Ein anderer der Steurer genannt/ stehet hinten in der Schlupe/wie zu sehen in der Taffel A.gezeichnet O. der steuret mit einem Riemen die Schlupe/und gibt wol achtung/ wo der Strick oder Line hinstehet/ als siehet der Strick von der Seite/so steuret er alleizeit/daß der Strick allemal der Schlupen gleich vorauß stehet/in einem gleichen Strich/ sonsten wurde der Wallfisch die Schlupe das unterste oben kehren.

Mit den Schlupen laufft der Wallfisch wie der Wind/ daß einem die Ohren saussen/wie schon gedacht.

Der Harpunier/ wann er kan/ wirfft den Wallfisch mit der Harpunen hinter das Blaseloch/ oder in das dicke Speck auff den Rucken/ da stechen sie ihn auch mit Lantzen/ denn davon blaset er am ersten Blut/ daß/wo er anderswo verwundet/ nicht leicht geschicht/ deßwegen sie auch schwerer zu tödten seynd/ wenn man sie nemlich in Leibe sticht/auch durchs Gedärm/ am wenigsten aber achtet der Wallfisch die Harpunen am Kopff.

Unser erster Walfisch bließ alleine Blut/ also daß das Meer wo er hingeloffen gefärbet war/ dabey sich die Vögel Mallemucken genant/ häuffig funden/ wie bey den Mallemucken droben gemeldet ist.

Sie stechen auch wol den Walfisch mit Lantzen bey der Scham/ wenn sie dabey können kommen/ den es thut ihm da der Stich hefftig wehe. Ja wenn er schon todt/ und an diesen Theil gestochen wird/ zittert davon der gantze Cörper.

Offt siehet man nicht darnach wie man ihn sticht/ denn hiebey viel Sinnen samlen nichts nutz/ ein grober Bauerknecht kan offt so gut schlagen oder stechen/ als der das Fechten recht gelernet.

Am Kopffe achtet er die Harpune nicht groß/weil das Speck gar dünne auf den Knochen sitzt/ welches die Wallfische besser wissen/ wie wir/ den wenn sie in Gefahr sind/ da sie unser Harpunen nicht entflihen können/ gaben sie viel lieber den Kopff alß den Rücken zum besten/ den da reissen die Harpunen leicht auß/ und der Fisch reisset aus wie ein ander/ dem es nicht gelüstet lenger im Kriege zu dienen.

Es nützen aber die Harpunen/ das man ihn damit gleichsam bindet/ sie ist also gestaltet/vornen wie ein Pfeil/ wie gezeichnet in der Taffel Q.mit f. hat zwey scharffe Widerhacken/seynd vornen scharff/am Rucken breit/wie ein Beil das vornen scharff und schneidig/ hinten aber breit und stumpff ist/damit sie auch nicht hinten schneiden/sonst wäre alle Mühe vergebens/ und reissen aus.

Der Stiel deß Eisens an der Harpunen ist vorn und hinten dicker/als in der Mitte/ hinten hat er ein breit rundes außgeholtes Eisen wie ein Trächter/

Vierdten Theils/ vom Wallfischfang.

darinn der höltzen Stiel gehet / wie zu sehen in der Taffel Q. gezeichnet mit h.

Vor diesem Trächter ist der Vorgänger / oder vorder Strick / feste gemacht/ wie zu sehen in der Taffel Q. gezeichnet mit i.

Die Harpunen seynd die besten/welche von reinem Stahl gemacht seynd/ und gantz zähe gehärtet / als wenn man sie umb einen Finger winden solte/daß sie nicht abspringen / weil mannichmal wegen einr bösen Harpunen in einem Augenblick ein tausend Thaler/wie hoch sie einen mittelmässigen Wallfisch schätzen/verlohren werden.

Der höltzerne Stiel ist vorn im Trächter an dem Eisen feste/ das Eisen ist mit Bindfaden oder Siegelgarn/ und noch dickern Garn/von den Seefahrenden Kapelgarn genannt/ bewunden / weil es von dicken Stricken gemacht/auch wol den Namen in der That hat/wenns von dem einen Stricke Kapeltau genannt gemacht.

Ein wenig höher bey ein oder zwey Spannen lang ist durch den Stiel ein Loch gebohret/wie zu sehen in der Tafel Q.gezeichnet mit k. so daß die Harpune gantz schwer/und gleichsam hinten leicht wie ein Pfeil ist/welcher mit der Spitze/ oder fornen schwer von Eisen / und hinten leicht von Federn ist / und wenn man wirfft wie man will / fällt er scharff nieder.

Durch das Loch gehet ein stuck Siegelgarn / damit ist der foderst Ende am Vorgänger /an dem Stiel der Harpunen fest/ reisset doch balde ab/ denn er nutzet nichts mehr/ wenn der Wallfisch die Harpune im Leibe hat / der höltzern Stiel nutzet auch nicht/welcher gemeiniglich alsobald von dem Eisen fällt.

Wenn nun der Wallfisch mit der Harpunen geworffen wird / riemen die andern Schlupen alle vorauß/ und geben acht / wo die Linie hinstehet, da man dann unterweilen an dem Strick ziehet (wie zu sehen in der Tafel A. gezeichnet mit p.) Ist es fest und schwer / so ziehet der Wallfisch starck daran/ist es aber daß es gantz loß hänget / und die Schlupen forn und hinten gleiche hoch im Wasser treiben /so holen die Männer die Stricke wieder ein (wie zu sehen in der Tafel A. gezeichnet mit q.) und der Linienschiesser leget sie fein zu rechte (wie zu sehen in der Tafel A. gezeichnet mit N.) einen Bogen von Linien auff den andern/damit wann der Wallfisch wieder hart ziehet/ er alsobald kan fahren lassen/ daß es sich nicht verwickele.

Dabey auch in acht zu nehmen / wenn der Wallfisch auff flachen Grund laufft/man nicht allzuviel Linien fahren lasse/ denn wenn er sich viel unter Wasser kehren wurde / möchte der Strick umb einen schweren Stein oder Klippe verwirren/ daß also die Harpune außreissen möchte/und wäre alle Mühe vergebens/

bens/davon man viel Exempel hat/ und uns auch auff solche Art ein Fang mißlungen ist.

Die andern Schlupen so hinten herschleppen/ die Männer darinn sehen alle vorauß/ sitzen stille/ und lassen den Wallfisch ziehen/ wület der Wallfisch am Grunde/ daß die Schlupen stille liegen/ so holen sie allgemach die Stricke wieder ein/ und der Linienschiesser leget sie hinten wieder an ihren rechten Ort/ wie sie zuvor auffgewickelt gelegen ist.

Tödtet man den Walfisch mit Lantzen/ so holet man die Linien ebenfals ein/ bis man nahe am Fische kompt/ doch etwas davon/ damit die andern Raum genug zu lantzen haben.

Sie müssen aber wol Achtung geben/ damit von allen Schlupen/ die Linien oder Stricke nicht abgehawen seynd/ weil etliche Walfische sincken/ etliche aber dem Wasser gleich treiben/ welches man nicht wissen kan im ansehen.

Die Feistesten aber sincken nicht wie die Magern/ wenn sie frisch getödtet seynd/ die Magern sincken alsobald nach ihren Tode/ treiben doch nach wenigen Tagen wieder empor. Die Weile aber solte einem lang genug werden/ wenn man offt darnach warten solte/ ehe sie wieder auffkommen/ weil das Meer nimmer so stille ist. Wo aber stille von Meerßwellen ist/ da treibet der Strom die Schiffe mit dem Eise fort/ so daß wir den Fisch andern müssen gönnen/ welche ihm nach etlichen Tagen Todt finden.

Das ist zwar der leichteste Walfischfang/ aber eine rechte Schinderey/ dabey es hefftig stinckt. den es wacksen weisse länglichte Maden wie Regen Würmer gestaltet/ in ihrem Fleisch/ seynd plat wie die platten Spulwürmer in Menschen Leibe/ und stincken heßlicher alß ich mein lebtage Gestanck gerochen.

Je länger der Walfisch Todt im Wasser lieget/ je höher er auff den Wasser treibet/ etliche treiben ein Fuß hoch etliche auff die Helffte/ und den berstet er leicht/ welches einen harten Schlag gibt.

Er wird von stunden an übel stinckend/ und rauchet/ das Fleisch kochet und geret wie Bier/ und fallen ihm Löcher im Leibe/ daß ihm das Gedärm darauß hänget.

Von dem Rauch oder Damp/ welcher Mensch zu Augenröhte geneiget ist/ entzünden leicht davon die Augen/ als ob einer Kalck darin bekommen hette.

Wann aber der Fisch wieder auff kombt/ seynd etliche meist bestürtzet/ etliche gantz wild/ auf die so wild seynd/ da reimet man von hinten zu ihnen/ wie man sonst zu thun pfleget/ wenn man einen Walfisch beschleichen wil. Dann
wann

wann es gantz stille von Winde ist / und das Meer keinen Gerausch machet/ höret der Wallfisch alsobald das schlagen der Riemen im Wasser / welches man ferne hören kan / fornemlich wann die Lufft gantz klar ist / und man weit sehen kan auff dem Meer.

Dann die dicke Lufft oder Dunst verursachet gemeiniglich ein böß Gehör auf dem Meer / eben alß ob eine Bretterne Wand darzwischen ist.

Wann aber die Lufft gantz klar unten von Nebel ist / da höret man weit von ferne / eben wie man höret vor einem außgebohreten langen Holtze / da man an die eine Seite vor das Loch schläget / am andern Ende aber einen Schall vorm Gehör gibt.

Wo viel kleine Eißschollen nahe aneinander liegen / daß man mit Schlupen dem Wallfisch nicht folgen kan / holet man die Stricke mit Macht ein / kan man sie mit einem harten Stoß und mehr darauß reissen / ists desto besser / wo nicht / hauet man die Stricke ab.

Am besten trifft man den Wallfisch mit Harpunen / in dem er Wasser blaset / wie schon oben gedacht / denn man mercket / wann sie gantz stille liegen / daß sie horchen / und seynd bald unten / bald oben dem Wasser / so daß ihnen der Rükke nicht gantz trucken wird / und ehe man sich versihet / wirfft er den Schwantz hinten auß dem Meer / und wünscht uns gute Nacht / wie zu sehen in der Tafel A. gezeichnet mit S.

Es ist auch der Wallfisch wol zu fangen / wann die Lufft gantz helle / und das Meer stille / und weder grosse / noch viel Eißschollen treiben / daß man dazwischen mit Schlupen riemen und ihm folgen kan. Denn bey den Eißschollen lieget der Wallfisch gemeiniglich / und schäbet sich daran / vielleicht wegen der Läuse / welche ihn beissen.

An den Eißfeldern sprützet die See / und machet ein Gerausch / wie sonst gemeiniglich die See rauschet / wann sie kleine Wellen bringet / da denn der Wallfisch das Schlagen der riemen nicht mercket / und wird am leichtesten mit der Harpunen getroffen.

Insonderheit ein Weiblein / wann es trächtig / ist gefährlich zu tödten / denn es sich lange wehret / und schwerer zu tödten / dann die Männlein.

Mannichmal warten die Schlupen wol halbe / ja gantze Tage nach Walfischen / wann sie einen oder etlich gesehen / riemen auch wol mit Schlupen im Eise / einen zu ertappen. Wanns aber also zugehet / so ist der Fang schlecht genug / wann aber / wie es offt zugehet / viel Wallfische lauffen / und man nicht weiß / auff welchen Wallfisch man die Harpune werffen will / da wird die Mühe und Unkosten reichlich belohnet / wie wir es selber erfahren / vor dem Eise / da bey 20 Wallfische nahe aneinander lieffen.

Wo viel klein Eiß nahe aneinander gedrungen lieget/ ist es auch gefährlich beym Wallfisch zu kommen. Denn der Wallfisch ist so klug/ daß er alsobald mercket/wo Eiß lieget/da laufft er hin.

Der Harpunier stehet fornen in der Schlupen/und greifft unterweilen an den Stricke/wie zu sehen in der Tafel A. gezeichnet mit P. ob es schwer oder leicht auffzuheben ist/hanget der Strick schwer/so daß man beförchtet/er werde das kleine Schifflein / oder Schlupe unter Wasser ziehen / so läst man den Strick etwas mehr fahren. Laufft der Wallfisch vorauß/so schleppen die Schlupen hinter ihm her. Laufft er unter ein groß Eißfeld/so hat der Harpunier ein groß Messer in seiner Hand/wie zu sehen in der Tafel A. gezeichnet mit R. das Messer nennen sie Kapmesser / und wenn die Eißscholle in der Mitte hol oder löchericht/daß der Wallfisch Lufft schöpffen kan/und der Strick nicht so lang/ daß man ihm folgen kan / wann nemlich die Eißfelder etlich Meil Weges lang seynd/holen sie/ so viel immer müglich/den Strick ein / damit der Boge vom Strick unter Wasser sich verliere / und der Strick gerade und steiff werde/alsdenn hauet er den Strick voneinander / das ander Ende/als da die Harpune an feste/mit dem abgehauen Stricke/lassen sie dem Wallfische im Leibe stecken/und das ander behalten sie in den Schlupen / wiewol mit nicht wenig Schaden/ denn offtmahls ein Wallfisch mit fünff Schlupes Linien entrinnet.

Er rinnet aber offt mit den Schlupen an das Eiß / daß die Schlupen auffs Eiß stürtzen /als wenn sie in stücken zersplittern sollen/wie es denn offt die Erfahrung darthut/daß mannich Schlupe auff solche Art verdorben wird.

Wann aber der Wallfisch wieder auffkompt / wirfft man auff ihn noch eine / und wol die dritte Harpune/nach dem sie sehen/daß er ermüdet oder matt ist/damit laufft er wieder unter Wasser.

Etliche lauffen dem Wasser gleich/ machen auch einen Strich im Meer/ als da ein Schiff durchgefahren ist / ehe sich das Wasser recht krauß zusammen gibt.

Etliche lauffen/ daß man sie immer auff dem Wasser sihet/ die spielen mit dem Schwantz und Floßfedern / (Finnen genannt) daß man sich beförchtet/ man komme ihnen zu nahe.

Auff solche Art/ wann die Wallfische mit dem Schwantz sich zwingen/ wickeln sie offt viel Fademstricke oder Linien umb den Schwantz / dann hats kein Bedencken / daß die Harpunen außreissen/weil sie mit dem Stricke fest genug bewunden seynd.

Er blaset aber mit gantzer Macht/wann er verwundet worden/wie man von ferne höret ein Kanon-Kugel saussen. Wann er aber gantz ermüdet/lautet

Cap. 8.   Vierdten Theils/ vom Wallfischfang.   117

es wie ein Buckskopff Wasser blaset/auch also Tropffen weiſe. Denn er hat keine Macht mehr/das Wasser in die Höhe zu treiben/ derowegen lautet es/als wenn man einen leren Krug unter Wasser hält/daß darinn das Wasser rinnet. Und solcher Gelaut ist ein gewiß Zeichen seiner Mattigkeit / wenn er bald den Geist auffgeben will.

Etliche Wallfische blasen auffs allerletzte Blut / nach dem sie verwundet werden. Welche Blutblasen/ besprützen die Männer in den Schlupen heßlich/ und die Schlupen werden davon roth gefärbet/ als ob sie mit Farben angestrichen wären.   Ja das Meer/ wo der Wallfisch hin gelauffen/ist roth gefärbet/ welches ferne zu sehen ist / wenn die Meereswellen es nicht voneinander treiben.

Die Fische/ so hart verwundet sind / entzünden sich selbst/daß sie lebendig rauchen/und die Vögel auff ihnen sitzen/ wie die Kreen auff Schweine/und fressen lebendig von ihm.

Mit dem Wasser Blasen wirfft der Wallfisch etwas Fettigkeit mit auß/ diß treibt auff dem Meer/ wie sein Same/ und dieses Fett fressen die Mallemucken begierlich/wie beym Mallemucken davon gesaget ist/ quacken wie Frösche/ und folgen ihm bey etlich Tausenden nach / so daß der Wallfisch mannichmal mehr Anhang von Vögeln/ als ein König Diener hat/wie zu sehen in der Tafel A. gezeichnet mit T.

Es reissen auch zuweilen die Harpunen auß / alsdann warten zuweilen Schlupen von andern Schiffen auff / und wenn sie sehen/ daß die Harpune außgerissen/ werffen sie die Harpune darein/und bekommen den Fisch/ wann gleich die ersten ihm bey nahe den Todt ans Hertz gedrucket / und er sich seiner wehret und loßreiset / gehen die andern mit der Beute durch / die ersten aber müssen nachsehen.

Zuweilen werden von zweyen Schiffen zugleich Harpunen auff einen Wallfisch geworffen/ solche Fische werden getheilet/und bekompt ein jeder die Helffte/wie zu sehen in der Tafel A. gezeichnet mit M.M.

Die andern zwey oder drey Schlupen/ oder wie viel noch überig seind/ warten schon biß der Walfisch wieder auff kompt/ und wenn sie sehen das er ermüdet ist/ stechen sie ihn mit den Lantzen todt.   Hieben ist die gröste Gefahr/den die am ersten die Harpunen auff den Fisch werffen/ werden vom Walfische fortgerissen/ und seind ferne von ihm/ und die ihn mit Lantzen stechen seynd so wol auff seinem Leibe/ als von der Seite bey ihm/ wie sich der Walfisch keret und wendet/ und bekommen manchen harten Schlag/ das sie sonst wol nicht leiden solten/ wenns ihnen von Menschen geschehe.

P iij   Hie

Hie muß ein Stäurer wol Achtung geben/ wie der Walfisch läufft/ oder sich keret/ damit er immer von der Seite zu riemet/ so daß der Harpunier mit Lantzen ihn reichen kan/ und die andern Männer in den Schlupen riemen fleissig/ offt vor und hinter sich/ das sie streichen und anroien nennen/ denn wenn der Walfisch sich aus dem Wasser hebet/ schlegt er gemeiniglich mit dem Schwantz und Floßfedern Finnen genant/ von sich/ daß das Wasser staubet.

Eine Schlupe achtet er wie Staub/ den er schlegt sie zu kleinen Splittern. Ein groß Schiff ist ihm zu mächtig/ harter den seine Haut ist/ und wenn er gleich mit dem Schwantz daran schlegt/ thuts ihm weher als dem Schiffe/ denn er bemalet das Schiff mit seinem Blute/ daß er ohnmächtig davon wird.

Ein guter Stäurer/ ist negst dem Harpunier am besten nutz in einer Schlupen/ er steuret mit einem Riemen/ und sihet vornen aus/ die andern vier Männer keren ihre Rücken nach vornen/ und sehen nach hinten/ derowegen der Steurer und Harpunier allezeit rufft/ roye an/ oder streich/ das ist/ daß sie neher am Walfische/ und ein wenig davon riemen.

Die Lantzen seind mit ein holtzern Stiel/ über zwey Fadem lang/ oder kurtzer alß eine Picke/ wie zu sehen in der Taffel Q gezeichnet mit g/ das Eisen darvon ist gemeiniglich einen Fadem lang/ und vornen spitz wie eine Picke. Ist von Stahl oder zähen Eisen geschmiedet/ damit sichs biegen lasse/ und nicht abbreche. Den wenn man den Walfisch damit tieff ins Leib geboret/ sticht man in dem Leibe daraus und ein mit Lantzen/ wie einer die Aal sticht/ wie zu sehen in der Taffel A gezeichnet mit Z/ entwischt er aber mit einer und mehr Lantzen/ so hat man allezeit mehr in vorrath/ bey fünff/ sechs/ oder sieben in jeder Schlupe/ die er offt alle aus dreyen/ auch wol auß vier Schlupen im Leibe stecken hat/ und damit bundt bekleidet ist/ wie ein Schwein Igel mit Stacheln. Kombt ümb sein Leben wie einer der im Wasser ersäufft.

Das Neunde Capitel.
Wie sie mit den todten Walfisch ümbgehen.

Wann der Walfisch nun getödtet ist/ hawet man ihm den Schwantz ab.

Etliche behalten/ Schwantz/ Floßfedern oder Finnen/ behangen damit das grosse Schiff/ es sol etwas den dringenden Eise am Schiff wehren.

Der Schwantz hindert im fortriemen die Schlupen/ weil er in die quer lieget/ derowegen man ihn abhawet.

Cap. 2. 4.Theils/ von Zerschneidung deß WalfischsSpeck.

Vor dem Schwantze machen sie ein Ende vom Stricke fest / und das ander Ende hinter der letzten Schlupen / wie zu sehen in der Tafel A. gezeichnet mit W. es sind in allem vier oder fünff Schlupen / hinter einander feste / und rudern allzugleich hinter einander her / welchs sie Bucksiren nennen biß an das grosse Schiff.

Wenn nun der todte Wallfisch biß ans Schiff gebracht / bindet man ihn mit Stricken an das grosse Schiff fest / das Theil / da der Schwantz abgehauen / machen sie feste / fornen am Schiffe / und den Kopff nach hinten zu / in der Mitte deß Schiffes bey der grossen Wand / an Backbort des Schiffes / selten geschicht / daß die Wallfische länger seynd / als der Platz von fornen biß in der Mitten zu rechen / wanns nicht zu kleine Schiffe seynd / wie zu sehen in der Tafel A gezeichnet mit X.

Durch die Wande / wird verstanden / der Ort an der Seite des Schiffes / da die dicken Stricke / nach dem Mast hinauff gehen / da man hinauff steigen kan / wie auff einer Leiter / deren gemeiniglich an Groenländischen Schiffen / fünff auch wol vier beyeinander seynd / als wenn am grossen oder mittelsten Mastbaum vier solcher Leitern seyn / seynd an dem vordersten Mastbaum / Focke Mast genannt / nur drey / und am hintersten Basau-Mast / jeder Seite nur zwey.

Durch die Backbort aber wird verstanden / wenn ich von fornen nach hinten im Schiff gehe / zur rechten Hand.

Die Seite aber des Schiffes / wenn ich von hinten nach fornen zu gehe / zur rechten Hand / wird Steuerbort genennet / weil man von Steur nach fornen gehet.

Wer aber am ersten einen todten Wallfisch sihet von den Schiffleuten / ruffet alsobald Fisch mein / und bekompt von den Kauffleuten einen Ducaten für gute Auffsicht / manichmal steiget einer diesen Ducaten zu haben umbsonst auff den Mastbaum / einen todten Wallfisch zu ersehen / der keinen Ducaten bekompt / kompt aber mit Zahnklappern und Frost an Händen und Füssen wieder herunter.

Wann nun der todte Wallfisch beym Schiffe fest gemacht / halten von der andern Seite des Wallfisches zwey Schlupen bey ihm / darinn stehet ein Mann oder Knabe / welcher einen langen Hacken in der Hand hat / damit hält er fest am Schiffe / und der Harpunier stehet fornen in der Schlupe / oder stehet auff dem Fisch mit ledern Kleidern / oder was ein jeder bezahlen kan.

Haben auch Stieffeln an / unter den Hacken sitzen spitzige Nägel / damit sie

sie fest stehen können / denn der Fisch ist glatt/ daß man leicht davon fallen kan/ wie man auff glattem oder klaren Eißfeld.

Diese zween Speckschneider bekommen dafür besonders Geld / als vier oder fünff Thaler.

Vors erste schneiden sie ein groß Stücke / hinten vom Kopffe bey den Augen / welches sie Kenterstück nennen / das ist so viel gesaget/ als Umbwindelstück/ den Kentern so viel ist als umbwinden. Dann wie man das ander Speck/ alle nach Reigen weise vom Wallfische schneidet / biß zum Ende auß/ also schneidet man dieses grosse Kenterstück vom Wallfische je länger je weiter ab/ umb den gantzen Wallfisch herumb. Welches Stücke / wann es rings herumb vom Wallfische oder vom Fleische geschnitten / von Wasser an biß unter den Mastkorb reichet / (das ist in der Mitte an den Mastbäumen/ davon Brettern allezeit ein runder Zirckel gemacht ist/ darauff man stehen kan) dabey man abnehmen kan/ die Dicke deß Wallfisches/ wenn solche Wallfische gefangen seynd/ wie unser grösten gewesen ist.

An diesem Kenterstück/ wird ein dick Strick feste gemacht / das ist unter dem Mastkorb feste/ und damit wird der Fisch gleichsam auß dem Wasser gehalten/ daß man dabey kommen kan. Von der Schwere aber lencket sich das Schiff/ nach der Seite da der Fisch lieget.

Wie zähe das Speck ist kan man sehen/ denn durch dieses grosse Kenterstück/ wird ein Loch geschnitten/ dadurch das Strick feste gemachet wird/ doch nicht tief im Speck/ damit wird der Fisch gekeret/ wie zusehen in der Tafel A gezeichnet mit K.

Darnach schneidet man wie gesaget einander stucke Speck/ bey diesen Stücke herunter/ daß wird gleicher Gestalt in das Schiff gewunden/ wie zusehen in der Taffel A gezeichnet mit L/ und folgendes im Schiffe kleine viereckte Stücke geschnitten/ etwa bey einer halben Elen lange. Die zwey Männer so diese vierckte Stücke schneiden/ haben wie die zween Speckschneider auf dem Walfische lange Mässer in ihren Händen.

Die Mässer seynd mit dem Stiel fast ein Mann lang/ und je mehr das Speck von Walfische wie eine Haut vom Ochsen gelöset wird/ je tieffer müssen sie auch mit Winden das Walfisch Speck auffziehen/ damit das stücke Speck weit voneinander stehe/ daß sie desto besser schneiden können. Wann sie aber ein solch stück Speck in die Höhe gewunden/ ziehens die Männer zu sich ins Schiff/ und lösen den Strick/ damit es feste gemachet/ davon.

Der Strick wird wie ein Ring feste gemacht/ da man einen grossen Hacken durch steckt/ welcher oben mit einem dicken Stricke an einer Rolle oder Block

feste

Cap.9.   Vierdten Theils/ von Zerschneidung des Wallfischspeck.

feste gemacht / wodurch die langen Stricke gehen / biß in die Mitte deß Schiffes/ da noch ein ander dicker Strick von dem fordersten / biß an den mittelsten Mast feste ist / da diese Auffwindel-Stricke feste an seynd. Und hinten im Schiffe bey der andern Winde / die Spille genandt / auch wol fornen im Schiff / wird noch ein ander Spille / oder Winde gesetzt / damit wird alles Speck ins Schiff gewunden.

Im Schiffe aber stehen zween Männer / oder einer / nach dem es von nöthen / mit langen Hacken / wie ein Mann lang / damit halten sie das grosse stück Speck / welches die zween Männer im Schiffe / mit dem langen Messer zerschneiden in viereckigte Stücke.

Dabey stehet noch einer / der hat einen kurtzen Hacken mit einem Ring in der Hand / damit sticht er in das viereckigte geschnitten stück Speck / und legt es auff den Tisch oder Banck / da es ferner in kleine Stücke geschnitten wird.

Die zween ersten Männer mit den langen Messern / welche die grossen stücke Speck zerschneiden / welche sie Flentzstücke nennen / stehen am Backbort deß Schiffes / da der Wallfisch an feste / und die andern Männer / welche das Speck vollends in kleine Stücke schneiden / stehen an der andern Seite deß Schiffes / wie zu sehen in der Tafel A. gezeichnet mit I. wenn man vom Steuer nach fornen gehet zur rechten Hand deß Schiffes / damit ihnen nichtes hindert / und sie desto besser die Haut vom Speck bey der Seite ins Wasser werffen können.

Wann aber ein guter Wallfischfang / daß man die Zeit vom Fang nicht versäumen will / schleppen sie etlich Fisch hinter den Schiffen her / und fangen mehr. Von welchen / wann sie so viel Zeit übrig haben / sie allein die grossen stücke Speck abschneiden / und nach unten zu im Schiffe werffen.

Wann sie aber nicht mehr Speck ausserhalb der Fässer lassen können / siegeln sie nach einem Hafen / oder wenns stille vom Winde ist / bleiben sie im Meer / machen sich an einer Eißscholle fest / und treiben mit dem Strohm oder Winde fort.

Die übrigen Männer schneiden das Speck in kleine Stücke / auff einen dazu gemachten Tisch oder Banck / forn im Tisch ist ein Nagel fest / darauff stecken sie einen Hacken mit einem Ring.   Den Hacken stecken sie ins Speck / damit es feste lieget / wann sie es in kleine stücken schneiden / das Speck ist zähe im schneiden / darumb man es feste legen muß / die Seite / da die Haut sitzet / legen sie unten / und schneiden bey Stücken das Speck davon.

Die Messer / damit sie das Speck zerschneiden / seynd kürtzer wie die andern grossen Messer / bey anderthalb Elen lang mit dem Stiel. Sie schneiden alle von sich / damit sie von der Feiste nicht besprützet werden / davon ihnen leicht
Q   die

die Sähnen an den Händen und Armen verrücken / darauß denn leicht ein Gliedwasser folget.

Einer hauet das weiche zähe Speck in kleine Stücken mit einem langen Messer. Diesen Mann nennen sie den Kapper/ und wird heßlich besprützet/ darumb er sich mit alten Lumpen behänget wie ein Narr.

Etlich Wallfischs Speck ist weiß/ etlich gelb/ etlich roth.

Das weisse Speck ist voll kleiner Sähnen / hat nicht so viel Thran oder Feiste in sich/ wie das gelbe.

Das gelbe Speck/ welches wie gelbe Butter außsihet/ ist das beste Speck.

Das roth und wasserichte Speck ist von todten Wallfischen/ denn anstatt da die Feiste außrinnet/ setzt sich viel Blut dazwischen / und gibt hernach den wenigsten und schlechsten Thran.

Vor dem Tisch stehet eine Rönne von Brettern zusammen geschlagen/ darein das kleine zerschnitten Speck geworffen wird. Dabey stehet ein Junge/ der schauffelt das Speck nacheinander in einen Beutel / welcher fornen an der Rönn feste gemacht / und ist wie eine Wurst gestaltet/ so lang/ daß er unten im Schiff reichet. Auß dem Beutel fällt das Speck in einen kleinen Kübel/ oder wie wir reden Balje/ oder hölzern Trächter/ den setzen sie auff ledige Fässer oder Kardelen/ und die Männer unten im Schiffe füllen damit die Fässer oder Kardelen/ und wird also behalten biß man Thran darauß brennet.

Wann von der einen Seite das Speck vom Wallfisch geschnitten/ ehe sie den Wallfisch umbkehren oder kentern / schneiden sie das Fischbein herauß in einem Stucke zusammen/ der ist so schwer/ daß alle Männer im Schiffe genug daran auffzuwinden haben. Sie gebrauchen dazu besondere Hacken/ welche sie feste machen/ zween an den Seiten/ und einen in der Mitte deß Fischbeins/ mit starcken Stricken wol versehen / wie zu sehen in der Tafel R. und hernach schneiden sie das ander Fischbein von der andern Seite auß / windens gleicher Gestalt in das Schiff/ da wird er denn voneinander gehauen/ wie man ihn mit hieher bringet / da er dann ferner Stück bey Stück abgeschnitten/ und sauber gemachet wird.

Der Fischbein gehöret allein den Kauffleuten oder Redern deß Schiffes/ und die andern so auff Part / das ist/ auff das Glück warten oder fahren/ man fange viel Wallfische oder nicht/ bekommen sie Geld dafür/ von jedes Faß oder Kardele Thran bedungen Geld. Die andern/ welche nach Monat Geld fahren/ bekommen ihr Geld/ wann die Schiffe wieder zu Lande kommen/ man habe viel / wenig oder nichtes gefangen / ist der Schaden oder Gewinst der Kauffleute.

Die

Cap. 9. Vierdten Theils/von Zerschneidung deß Wallfischsspeck.

Die Hacken/damit man das Fischbein auffwindet / seynd besonders dazu gemacht/wie der Balcken auß einer Wage/an beyden Enden seynd zween scharffe Zacken / die schlagt man zwischen das Fischbein/ in der Mitte deß Balckens ist ein langer Stiel feste mit einem Ring/darinn die Stricke feste gemacht werden. Am Stiel seynd noch zween ander krumme Hacken feste/wie Vogel-Klauen/ mit einem Ring/welcher umb den Stiel gehet/daran seynd die zween Zacken oder krumme Hacken fest.

Im Ring/ da die Stricke feste gemacht / ist oben noch einander krummer Hacken feste mit einem Ring / wie wir hie an den Kranchen zu auffwinden gebrauchen. In der Mitte aber/als zwischen diesen beyden Hacken/ist noch quer über ein ander Strick fest / damit die untersten Hacken gleich und unverrucket sitzen/damit das Fischbein nicht ins Wasser falle und sincke.

Die hintersten zween Zacken/schlägt man hinten zwischen dem Fischbein/ und die zween fordersten kurtzen nach fornen / damit wird das Fischbein gehalten und auffgewunden / als wenn ich mit einer Zahnbrecher Zange/einen Zahn halte und außziehe.

Den todten Wallfisch/da das Speck von geschnitten/lassen sie treiben/und seynd der Raub-Vögel Speisen wann sie hungerig seynd/sonst machen sie sich viel lieber umb todte Wallfische/darauff das Speck sitzet.

Der weisse Bär findet sich gerne dabey / es sitze noch Speck darauff oder nicht/sehen auß wie Schinder-Hunde/die sich viel beym Aas halten/da sie dann zu der Zeit ihre Schneeweisse Haut in eine Gelbe verkehren / haben auch zu der Zeit die Kranckheit an sich / daß ihnen das Haar außfällt/und ihre Häuter wegen der bösen Haar/wenig werth seynd.

Wo ein todter Wallfisch auff der Nähe lieget / wird er von den Vögeln verrathen/die man dabey unzählig viel sihet/auch weisse Bären/wie zu sehen in der Tafel B. gezeichnet mit g. vornemlich im Vorjahr / wann noch nicht viel Wallfische gefangen/seynd sie begierlich nach der Speise oder Raub / hernach wann viel todte Wallfische im Wasser treiben/essen sie satt/und finden sich nicht so viel bey einem Wallfische/denn sie haben sich allenthalben vertheilet.

Das Zehnde Capitel.
Von des Fetts/oder Trahns Brennerey.

Vor diesem haben die Holländer den Trahn in Spitsbergen gebrant/ in Schmerenborg / und bey der Harlinger Kocherey / da noch zum Beweis allerhand Geretschaft/und was zur Brennerey gehörig verhanden/ wie davon im Capittel von Beschreibung des Landes weitläufftiger gesaget ist.

Die Frantzosen brennen das Fett oder Trahn in ihren Schiffen / und wird auff solche Arth mannig Schiff in Spitsbergen verbrandt / wie bey unser Zeit zwey Frantzösische Schiffe aus solcher Uhrsache verbrandt seynd.

Es geschicht aber darumb / daß sie das Fett oder Trahn in Spitsbergen außbrennen / daß sie desto mehr ausgebrennet Fett in ihren Schiffen lassen können / und meynen grossen Gewinst daran zuhaben / weil sie alle auff Part fahren / das ist man fange viel oder weinig / davon bekommen sie ihr Geld.

Ich halte dis aber nicht vor grosse Klugheit / daß / da man Fässer setzen könte / überal das Schiff mit Holtz außfüllen.

Unser Leüte aber wie gesagt / thun das Speck in die Fässer / darin geret es gleichsam wie Bier / ich weiß aber kein Exempel / das Fässer in Häfen gesprungen weren / ob sie schon allenthalben feste zu gemacht seynd / und wird meist zu Trahn oder Oehl darin.

Man verlieret an den frischen Walfisch Fette von 100 Kardelen / wenn es hernach außgebraten 20 Kardelen weiniger oder mehr nachdem das Speck gut ist.

Bey der Trahn Brennerey vor Hamburg / schütten sie das Fett auß denn Fässern / in einen grossen höltzern Trog.

Auß dem Trog füllen es zween Männer in den grossen Kessel / der dabey stehet / darin gehen zwey Kardelen oder Fässer Specks / das seynd 120 biß 130 und 140 Stübgen.

Unter denn ein gemaureten Kessel leget man Feuer / und wird darin gekocht oder außgebraten / wie man sonst Feiste außbrennet.

Der Brenkessel oder Bratpfann ist wol verwaret / wie die Färber Kessel / und ist gantz breit / flach wie eine Bratfanne von Kupfer gemacht.

Wann das Fett nun wol außgebraten ist / füllen sie es mit Kesseln auß der Pfannen / in eine grosse Siebe / damit das klare allein durchrinne. Das ander wirfft man weg.

Die Siebe stehet auff einen andern grossen Trog / welcher über die Helfte mit kalten Wasser ausgefüllet ist / damit wird das heisse Fett oder Trahn abgekühlet / und was noch mehr Unreinigkeit im Trahn ist / alß das von Blute und ander unraht darzu kommen / felt im Wasser zu Boden / und der klare Trahn oder Fett treibt oben den Wasser wie ander Fett oder Oehl.

In diesen grossen Trog steckt eine kleine Rönne / über einen andern eben so grossen Trog oder Kumme wie wirs nennen / dadurch laufft das Fett oder Trahn / wenn der ander Trog von Fette bald überstreichet / in denn dritten Trog / welcher gleicher gestalt mit kalten Wasser außgefüllet / darin wird er ferner abgekület / und klarer den in den ersten Trog.

In

Cap. 11. Vierdten Theils/von deß Fetts oder Thran Brennerey.

In den dritten Trog/ steckt ein ander Rönne/ durch die selbe laufft das Fett oder Trahn ins Packhauß/ in einen vierten Trog/ darauß füllet mann das Fett in die Kardelen oder Fässer.

Etliche haben nur zween Tröge/ in Spitsbergen haben sie an stadt der Tröge Schlupen.

Ein Kardele oder Faß/ hált 64 Stübgen.

Ein rechte Trahn Tonne hált 32 Stübgen.

Wenn das Fett oder Trahn außgebrant/ bekommen die auff die Part gefaren/ vor jeder Jas oder Kardele Trahn ihr Geld was sie bedungen und scheiden davon.

Die Greffen brennen sie auß/ machen davon braunen Trahn/ etliche denen die Mühe nicht ansiehet/ werffen sie weg/ und gebens denn Hunden zu fressen.

Das Elffte Capittel.
Von Finfisch.

Er Finfisch ist von grösse dem Wallfisch gleich.

An der Dicke aber ist der Wallfisch wohl drey und viermahl so dicke als der Finfisch.

Den Finfisch kennet man im lauf bey die Floßfedern oder Jinnen/ die beynahe auff dem Schwantz/ hinten am Rücken stehen.

Beym starcken Wasserblasen kennet man ihn auch/ vor den rechten Wallfisch/ welcher nicht so starck Wasser blaset.

Sein Puckel auff dem Kopff ist in die Länge gespalten/ das ist sein Blaseloch/ darauß er das Wasser blaset/ höher und stärcker als der Wallfisch.

Der Puckel aber ist nicht also hoch wie an Wallfischen/ der Rucken auch nicht also tieff eingebogen.

Deß Finnfischs Lefftzen seynd von Farben bräunlich/ mit Krausen gezieret/ wie ein Linie oder Strick.

An der obersten Lefftzen hänget das so genannte Fischbein wie an Wallfischen/ ob er aber den Mund auff und zuthut/ wird unterschiedlich gehalten/ etliche halten/ daß er das Maul nicht auffmachen kan. Ist doch nicht also. Er laufft aber nicht immer mit auffgespertem Rachen/ damit ihm das Fischbein/ wie den rechten Wallfischen/ bey den Seiten ausserhalb der Lefftzen nicht herausser hange/ sonst kan er das Maul wol auffmachen/ wann er will.

Inwendig deß Mundes/ zwischen dem Fischbein/ ist er gantz rauch von Haaren wie Pferde Haar/ welches sitzt inwendig am Fischbein/ und an dem kleinen Fischbein/ welches erst hervor kompt/ und ist von Farben blau.

Q iii

Das

Das ander Fischbein ist von Farben braun / auch dunckelbraun mit gelben Strichen / welchen man vor den ältesten hält.

Der blaue kompt von jungen Wallfischen und Finnfischen.

Von Farben ist er nicht Sammetschwartz wie ein Wallfisch / sondern wie der Fisch den man Schley nennet.

Von Gestalt deß Leibes ist er lang / rund und schmal / und hat nicht so viel Feiste wie der Wallfisch / derowegen man nicht sonderliche Beliebung hat ihn zu fangen / weil er die Mühe nicht belohnet.

Er ist viel gefährlicher als der Wallfisch zu tödten / weil er sich schneller bewegen und wenden kan / wie der Wallfisch / denn er schlägt umb sich mit dem Schwantz / und von sich mit den Floßfedern / sonst Finnen genannt / daß man mit Sclupen nicht nahe an ihn kommen kan / dann die Lantzen ihm auffs beste zum Todte helffen.

Ich bin auch berichtet / daß sie einmal unversehens auff einen Finnenfisch eine Harpune geworffen / die hat er mit allen Männern unter ein groß Eißfeld gerissen / und ist keiner davon wieder kommen / der berichtet hätte / wie es den andern gangen.

Sein Schwantz lieget in die quer wie an Wallfischen.

Wann diese Finnfische kommen / sihet man keine Wallfische mehr.

Des Wallfischs Fett oder Thran wird vielfältig gebraucht von denen die Friese machen / Weißgärber / Tuchmacher / Seiffensieders.

Am meisten aber wird er verbrannt / an statt deß Oels oder Lichter.

Auff Grönlandischen Schiffen aber / fahren sie starck von Manschafften / von 30. biß 40. und noch mehr / fürnemlich in grossen Schiffen da man 6. Schlupen bey hat / solche Schiffe tragen von 8. biß 1000. Kardelen Speck.

Die kleinen Schiffe ins gemein / haben weiniger Kardelen oder Fässer ein / als von 4. 5. biß 6. und 700 Kardelen haben 5. Schlupen bey jedes Schiff.

Galliots fahren auch nach Spitsbergen Walfische zufangen / haben 3. auch wohl 4 Schlupen beym Schiffe.

Die Schlupen setzen etliche auff den Boden des Schiffs / deck genant auch an den Seiten des Schiffs hängen sie dieselbe / wie sie in Spitsbergen oder beym Eise dieselbe beym Schiffe hangen haben / damit wann geruffen wird fall / fall / alsobald die Schlupen ins Wasser niedergelassen werden.

Alsdenn bleiben im Schiffe / der Steurman / Balbier Schimman / Küper / und ein Junge / und bewachten das Schiff / der Schiffer oder Commandeur selbst mit denn übrigen Männer / müssen auff der Walfisch Jacht warten / einer wie der ander.

Im Schiffe seynd 60 Lantzen.   6. Wal-

Cap. 11.   Vierdten Theils/ vom Finnfisch.   127

6. Walroß Lantzen bey allen Lantzen und Harpunen. so viel Stöcke dabey.
40. Harpunen.
10. lange Harpunen damit man den Walfisch unter Wasser schießt.
6. kleine Walroß Harpunen.
30. Linien oder Walfischs Stricke/ jedes Strick 80 biß 90 Fahm lang.

In jede Schlupe nemen sie mit auff der Jacht 2 auch wohl drey Harpunen/ und 6 Lantzen 1 Walroß Harpune/ und 2. oder 3. Walroß Lantzen/ 3. Linien/ 5. oder 6. Mann nachdem die Schlupen groß seynd/ darin seynd der Harpunier/ Lienienschießer und Steurer/ sie riemen alle zugleich biß am Walfisch/ ohne der steuret/ steuret oder rudert mit seiner Riemen. Sie haben auch in den Schlupen in jede ein Kapffmesser/ damit sie das Strick abhawen/ wenn sie dem Walfisch nicht folgen können. Hammer oder Klopper wie sie sagen auch.

Ander instrumenta mehr/ als Beilen/ Draggen/ vielerley Art Messer/ so mir Schiffer Daniel Quint gezeiget/ damit der Wallfisch zerschnitten wird/ haben vielerley Namen/ so der Leser schwerlich auß der Beschreibung fassen kan/ wollen es aber verlieb nehmen/ biß auff ein ander mal / wenn sie die Figuren dabey sehen werden.

Essen und Trincken wird mit geben nach Schiffs Gelegenheit/ und wers besser begehret/ kan etwas anders mit nehmen/ so viel er will/ wann er kan.

Faullentzer bekommen auff der Reise den Scharbock/ die aber frisch in die Lufft und Wind gehen/ schadet die Kälte nicht/ und die Glieder werden bewegt/ und wie das Schiff in der See tobet/ also lernet man darauff/ gehen wie ein Bälgentretter.

Sonst ist der Scharbock die gemeinste Kranckheit auff dieser Reise/ Fieber/ apostemen und allerhand zufällige Kranckheiten/ darauff ein Barbier bedacht seyn muß/ gute medicamenta vom Lande mit zu nehmen/ denn man nichts auff der See bekommen kan.

Die aber auff der Reise sterben/ begrabt man in Spitsbergen/ man nimbt sie mit hieher/ oder man wirfft sie ins Meer/ dabey ein Geschütz geloset wird.

Das 12. und letzte Capitel.
Von Rotzfischen/ und Seekwalm.

Rotzfische nenne ich die Fische / so nichtes an sich als lauter Schleim sind/ und daher gantz durchsichtig.

Von diese sind mir unterschiedliche Geschlechter vorkommen/ davon etliche Theile wie Floßfedern haben/ gleich wie der/ welchen ich Seegotts Pferdgen nenne. Andere

Spitsbergischer Reise

Andere sind den platten Schnecken gleich/ haben aber an statt der Floßfedern zwey kleine Stenglein wie Federn.

Uber diese habe ich vier Arten Rotzfische angetroffen/ so von der andern Fischen Form weit abgehen/ und von den Schiffleuten Seekwalm genennet werden/als wenn sie ein dicker zusammen geflossener Dampff aus der See wären.

Sie heissen auch nach dem Lateinischen Namen Seenessel/ dieweil sie einen brennenden Schmertzen verursachen/ denn sie die Haut brennen wie Nesseln.

Ich habe wol die Gedancken gehabt/ daß diese Rotzfische möchten ein verfaulter außgeworffener Fischsamen seyn/welche wegen der Verfaulung/ den brennenden Schmertzen machen / und als wären nach unterschiedlicher Fische Samen Art/auch unterschiedliche Gestalt bekommen/ als etliche nach Rochen Art/ etliche Wallfischer Art.

Aber solches kompt mir nicht mehr glaublich vor/ nach dem ich besser betrachtet/ daß das Lebend viel ein herzlicher Ding ist/als daß man es auß verfaultem und weggeworffenem Samen suchen soll.

Sie machen das Meer sauber und klar/ weil sich alle Unsauberkeit an sie setzet/der an sie hanget wie eine Klette auff Tuch.

1. SeeGots-Pferd.

Diese kleine Fische sind den Seenesseln wegen ihres durchsichtigen Leibes gantz gleich/auch zergehen sie wie die Seenessel/ so man sie in der Hand hält.

Haben aber zwey Floßfedern unten am Halse/ welche deß Wallfisches Floßfedern am nächsten kommen/sind von Figur beyde unsern kleinen Semmeln gleich/in der Mitte nemlich dicke/am Anfang und Ende dünn und spitzigt.

Sonsten ist dieses Fischlein denn Gotspferdigen an gestalt des Leibes gleich/ nur das dieser am Leibe dicker ist/ und unterwerts erst spitz zugehet.

Der Kopf ist rund und breit/ in der Mitte gespalten/ hat kleine Hörner etwa eines Strohalms breit.

Vor dem Kopfe sitzen ihm 2 fache reigen 6 rohte Körner/ in jeder Reige drey/ obs Augen sind kan ich eben nicht sagen.

Der Mund ist gespalten.

Vom Munde gehet ins Leib hinab/ seyn Eingeweide/ welches weil er durchsichtig ist/ genügsam kan gesehen werden.

Ist von Farben gelb und schwartz.

Des gantzen Fisches Farbe aber ist wie Eterklar.

Er beweget sich im Wasser wie die Seenessel.

Von grosse ist er abgerissen.

Ich

Ich halte davor daß sie der Vögel Speisen sind/ weil die Vögel als Lumben/ Taubtaucher/ Papageytaucher sich auff dem Wasser finden/ da Fischlein oben schwimmen auch zufinden pflegen.

Denn ich hier vorstelle ward abgerissen in der Südbay (oder Südhafen) in Spitsbergen den 20 Junij. (P. gezeichnet mit t.)

2. Schnecken Rotzfisch.

Diese Schnecken Rotzfische sind auch gantz durchsichtig wie die Seeneffeln.

Sind aber plat gewunden/ wie man auch auff der Erden/ solche platte Schnecken schalen findet.

Mercklich ists/ daß aus dem eussersten Reingen da er offen ist/ quer über ein Stenglein/ wie der Balcken in einer Wage hervor gehet/ rauch an beyden seiten wie eine Feder.

Mit diesem Stenglein bewegt er sich auff und nieder wie die Seenessel.

Von Farben sind sie braun.

Sie treiben häuffig im Wasser/ wie Stäublein gegen der Sonnen.

Man hält dafür/ daß sie der Wallfische Speisen seynd/ ob diese aber den Wallfischen solche feiste Nahrung geben können/ kan ich nicht wol glauben.

Viel eher will ich glauben/ daß sie den Vögeln/ als Lumben/ Taubetaucher/ Papageytaucher/ gute Nahrung bringen.

Sind nicht grösser/ als ich sie abgerissen habe.

Wir bekamen sie häuffig in dem südlichen Hafen in Spitsbergen den 20 Jun.

Im Eise habe ich keine gesehen.

Die Seefahrende sehen diese Fischlein für Spinnen an/ davor ich sie auch solte angesehen haben/ wenn ich sie nicht in der Hand näher betrachtet hätte/ und gefunden/ daß sie gantz keine Gleichheit mit den Spinnen haben. Tafel Q. gezeichnet mit e.

3. Zackener-Rotzfisch.

Dieser gleichet sich mit seinem Obertheil/ nemlich der Stiel mit dem Knopff/ den Schwämmen/ oder wie wir sagen/ den Poggenstülen.

Denn es gehet wie ein runder dicker Stiel mit durch den Stuel.

Hat aber einen blauen Knopff/ der noch einmal so dicke ist als der Stiel/ es mag auch diß Obertheil einem Strohute unsers Frauenzimmers verglichen werden.

Vom Stiel herunter wird er wieder dicke/ und rundet sich / doch ist er schmaler als der Stuel.

Ich habe sie gesehen/ daß sie von unten auff sich empor gedrungen/ und von oben wiederumb nach unten zu/ gleich wie ein Stock / den man unter Wasser stost/ wieder empor steiget.

Ich bekam sie in der Nordsee/ zwischen Hilgeland und der Elb / da das Elbwasser mit der See sich vermenget.

Ich habe sie auch bey Kuckshafen/ unten an der Elbe gesehen.

Habe mir auch sagen lassen/ daß sie bißweilen höher treiben bey Freyburg.

Er möchte von Gestalt seines Hutes Hutier/ oder von seinen Zacken/ Zakkener genennet werden.

4. Rosener-Rotzfisch.

Dieser Rotzfisch ist Circkelrund/ doch an seinem Umbkreiß zwischen seinen doppelten Strichen einwerts gebogen.

Die speichen Striche gehen auß in der Mitte deß Cörpers einfach hervor/ theilen sich aber an der Zahl 16. in zwey Aeste gegen dem Umbkreiß/ da sie etwas näher zusammen lauffen/ und in 2 Spalten zerspalten sind.

Der Cörper ist weiß und durchsichtig/ wie schon gedacht/ den ziehet er zusammen/ und thut ihn voneinander.

Die Speichenstriche aber sind braunroth.

An den Enden der Speichenstriche/ nach dem äussersten Umbkreiß zu/ sitzen zusammen an der Zahl 32 Flecken.

In der Mitte der Scheiben ist ein ander kleiner Circkel / auß wessen Umbkreiß die gedachte Speichenstriche hervor kommen.

Inwendig ist er hol/ mag sein Bauch seyn/ in welchem ich 2. oder 3 von den kleinen Krabben gefunden/ waren durch den innersten Circkel gebrochen.

Es hangen rund herumb sieben braune subtile Fadem herab/ wie ein gesponnen Seide/ oder wie die Fadem so in der Lufft schweben anzusehen/ diese kan er nicht bewegen.

Er mochte wie der vorige gewogen haben ein halb Pfund/ war breit bey einer halben spannen.

Die Faden waren wol ein spannen lang.

Diese Art bekamen wir bey Hitland.

Er mochte scheibener/ oder Rosener wegen seiner Figur genennet werden.

Von diesen beyden habe ich hören sagen/ daß die Mackrelen darauß die Farben

Farben saugen / welches ich aber an seinen Orth / so lange wil gestellet sein lassen / biß das ich aus eigener Erfahrung solches bekrafftigen kan.

Diese drey ersten Seequalen seynd so hauffig in der Nord See als Sonnenstaublein in der Lufft / hingegen aber sind die umb Spitsbergen weiniger in der See anzutreffen / bey stillem Wetter habe ich sie alleine oben schwimmend gesehen / im Sturm aber sincken sie zu boden.

5. Mützner Rotzfisch.

In Spitsbergen bey den Muschelhaven den 8 Julij bey stillem Wetter, seynd mir zweyerley Art Rotzfische vorkommen / davon der erste 6 eckicht/ der ander 8 eckicht ist.

Der seckseckige hat auch 6 purper Striche mit blauen Randen.

Zwischen diesen Strichen ist der Leib zertheilet/gleich in 6 Kürbis schnit.

Es hangen von der Mitte des Leibes herunter zwey Zinober rothe Fadem/ so außwerts von kleinen Haren rauch sind / sie haben eine Gestalt wie ein offnes V diese habe ich nicht gesehen von ihm in schwimmen beweget.

Inwendig im Leibe / hat er ander breiter Striche / von Farben purpur/ an den Randen lichtblau / die bilden sich ab alß wenn es ein grichisch grosses O (ω) were.

Der gantze Leib ist Milchweiß / und nicht so durchscheinend / wie des nechstfolgenden Leib.

Die Gestalt ist wie eine eckichte Müße / daher man ihn Müßener nennen möchte.

Er mag noch einmahl so groß seyn als er hier vorgemalet.

Mag am Gewicht etwa 4 Lot schwer gewesen seyn.

Ich habe nicht gemercket / wie ich ihn in der Hand gehabt/daß er gebrennet hatte / sondern ist vergangen als Rotze. (Tab. P. gezeichnet mit g.)

6. Springbrunner-Rotzfisch.

Der sechste und letzte Rotzfisch ist ein sehr kunstreicher Fisch.

Hat oben ein Loch einer Gänse Federn dicke (mag sein Mund seyn) so eingehet in einem trachterformichte Höle / daher er Trächtener möchte genennet werden.

Von gedachtem Loche gehen 4 Striche herunter / zwey und zwey gleich gegen einander über / davon sind zwey quer überschnitten, zwey aber nicht zerschnitten.

Die unzerschnitten sind eines halben Strohalms breit/ und die andern/ welche wie Ruckgrad von Schlangen oder Wallfische zerschnittene/ seynd eines Strohalms breit/gehen beyde herab über die Helffte deß gantzen Cörpers.

An der Mitte deß Trächters/gehen noch 4 ander / wie Schlangen oder Wallfisches Grad / zerschnittene Striche/ etwas niedriger/ als die vorigen Striche herunter.

Die Striche zusammen seynd also 8 an der Zahl / verändern ihre Farbe/ wenn man sie ansähe / mit blau / gelb und roth / also schön mit Regenbogen Farbe.

Sie bilden sich vor als ein Springbrunn/der sich in 8 Wasserstrahlen zertheilt/daher er auch/Springbrunner oder 8 Strahler konte genennet werden.

Inwendig aber gieng von den Spitzen Ende deß Trächters herab/ gleich als eine Wolcke / die sich in Regen zertheilte/welches ich für sein Eingeweide achten solte.

Da die gedachten außwendigen Striche sich endigen/ ist der Cörper erstlich ein wenig eingebogen /; darnach gehet er rund zu / und ist daselbst schmalstrichicht.

Der gantze Cörper ist weiß wie Milch / von Grösse als er hier abgebildet ist.

Mag gewogen haben 8 Loth.

Ich habe nicht gemercket / daß er auff der Haut brennet/ sondern ist dem vorigen gleich zergangen wie Schleim.

Nachgehends habe ich andere Arten dieser Rotzfische in der Spanischen See bekommen/so etlich Pfund schwer sind gewesen/von Farben blau/purpur/ gelblich/weiß/rc. welche hefftiger brennen als die vorgedachten in der Nord-See / auff der Haut saugen sie sich an so gar/daß Blattern und vielleicht die Rose darauff folgeten. Davon ich dem günstigen Leser die Figuren mit der Beschreibung/zur andern Zeit hoffe mittheilen.

Tafel P. gezeichnet mit h.

Ende der Spitzbergischen Reise Beschreibung.

Inhalt dieses Buchs.

Erster Theil/

Begreifft der gantze Reise-Seelauff sampt dem Gewitter des 1671 Jahres vom 15. April bis den 21 Augusti täglich beschrieben.

Das 1 Cap. begreifft in sich die Hinreise von der Elbe biß Spitzbergen   Pag. 1
Das 2 Cap. Die Rückreise von Spitsbergen bis auff die Elbe.   14

Ander Theil/

Begreifft Spitsbergens Beschreibung.

1 Cap. Von Spitsbergens eussersten Theilen.   Pag. 17
2 Cap. Von dem Meer.   25
3 Cap. Von dem Eise.   30
4 Cap. Von der Lufft.   35

Dritter Theil/

Von den Pflantzen so ich in Spitsbergen gefunden.

1 Cap. Von den Kräutern in gemein.   Pag. 41
2 Cap. Kraut mit Aloe Blättern.   42
3 Cap. Eingekerbtes klein Haußwurtzel.   43
4 Cap. Von Hanen Füssen.   43
5 Cap. Von Löffelkraut.   45
6 Cap. Von Mauer-Pfeffer.   46
7 Cap. Von Naterwurtzel.   46
8 Cap. Kraut als Mause Ohrlein.   47
9 Cap. Kraut als Singrün.   47
10 Cap. Erdbeer Kraut.   48
11 Cap. Von Klippen-Kreutern.   49

Register.

Vierdter Theil/

Von den Thieren auff Spitsbergen.

1 Cap. Von Spaltfüssigen Vögeln.	Pag. 52
2 Cap. Von den breitfüssigen/oder unspaltfüssigen Vögeln.	54
3 Cap. Von den übrigen Vögeln so ich nicht habe abreissen können.	71
4 Cap. Von vierfüssigen Thieren.	72
5 Cap. Von etlichen Schildgeschlechtern/ so auff Groenländischen oder Spitsbergischen Reisen gefangen werden.	83
6 Cap. Von etlichen Flossfederichten Fischen/die man ohne den Walfisch auff Spitsbergischer Reise siehet.	89
7 Cap. Vom Walfisch.	98
8 Cap. Von Walfischfang.	110
9 Cap. Wie sie mit den todten Walfisch umbgehen.	118
10 Cap. Von des Fett oder Trahnbrennerey.	123
11 Cap. Vom Finfisch.	125
12 Cap. Von Rosfischen oder Seekwaln.	127

ENDE.

Errata.

Pag. 1. lin 11. vor Heiligeland / Hilgeland.
Pag. 17. l. 8. vor 77 Grad / 76 Grad / 30 Minuten.
Pag. 32. l. 27. vor sebsten/selten.
Pag. 34. l. 23. vor Schnee/ Seen.
  ibid. l. 25. vor wie einem / wie man.
Pag. 36. l. 6. vor wen/war.
Pag. 49. l. 16. vor viscus, fuci.
Pag. 55. l. 30. Dieblis / soll übergestrichen werden.
Pag. 56. l. 34. vor gachen Huck/ Flachenhuck.
Pag. 58. l. 5 vor ungemeine /unangenehme.
Pag. 74. l. 3. vor Jniß/Jris.
Pag. 99. l. 31. X soll übergestrichen werden.
Pag. 100. l. 2. vor Blatfische/ Blackfische.
  ibid. l. 11 vor Haar / Zähne.
  ibid. l. 23. vor Samperfische/ Semperfife.
Pag. 108. l. 16. vor Streich / Schiff.
Pag. 110. l. 20. vor Stegen / Stäfen.

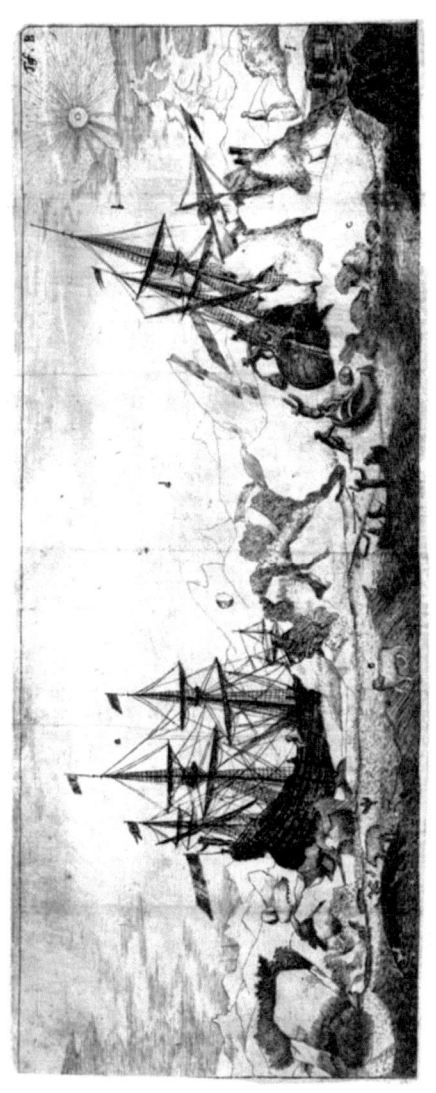

Taf. E

Nũ 1.
A.

Nũ 2.
B.

Nũ 3.
C.

Nũ 4.
D.

Nũ 5.
E.

Nũ 6.
F.

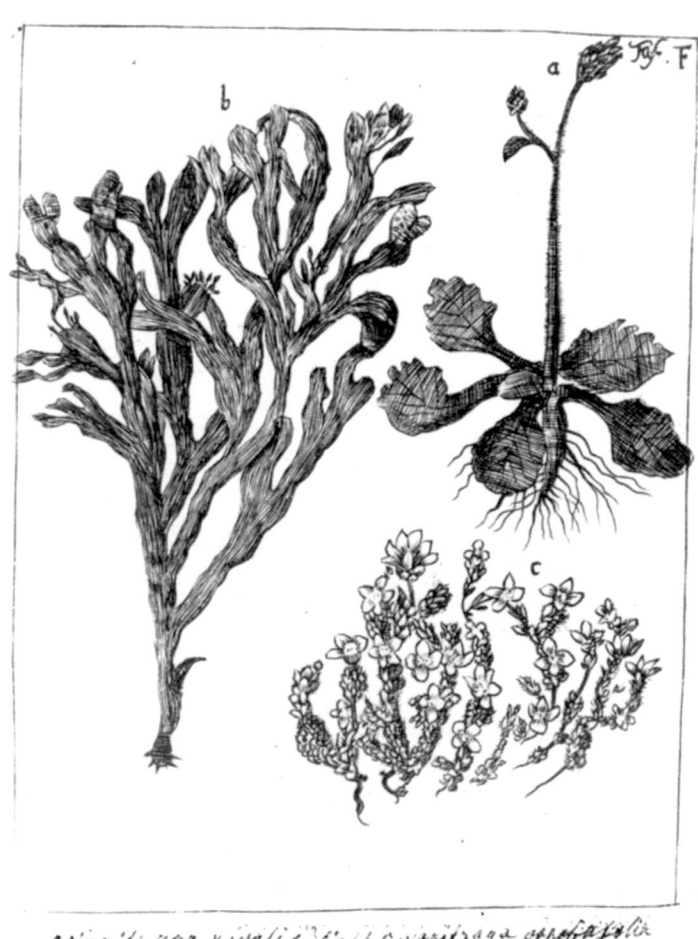

Saxifraga nivalis Bartii. Saxifraga oppositifolia
b,

a, Saxifraga stellaris
b, Salix herbacea
c, Ranunculus glacialis
d, Cerastium alpinum
e, Ranunculus pygmaeus

a. Cochlearia a...
b. Potentilla aurea.
c. Saxifraga...

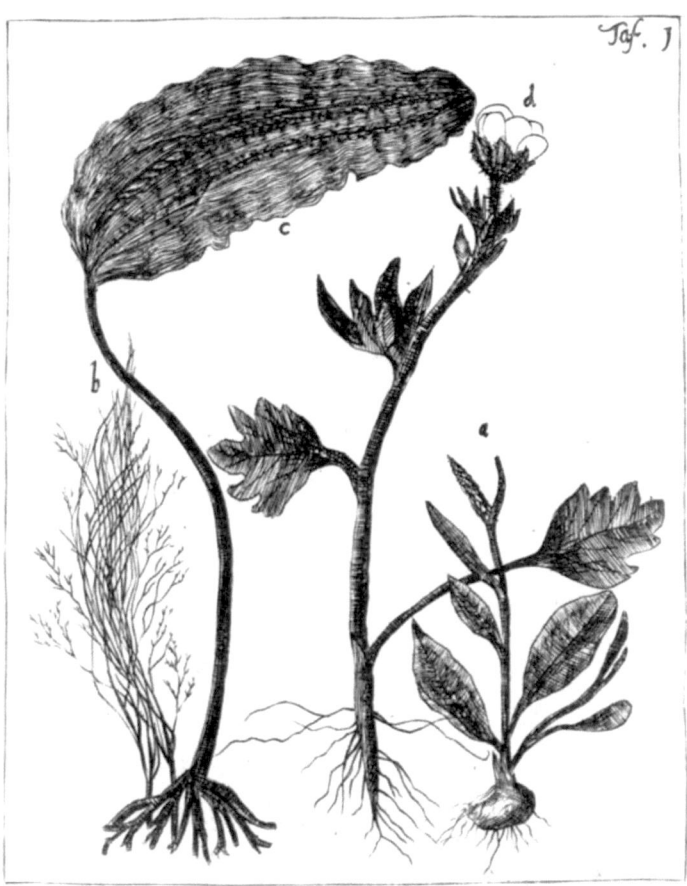

Taf. I

Tab. K.

Tab. 35.

a.

b.

c.

Tab N

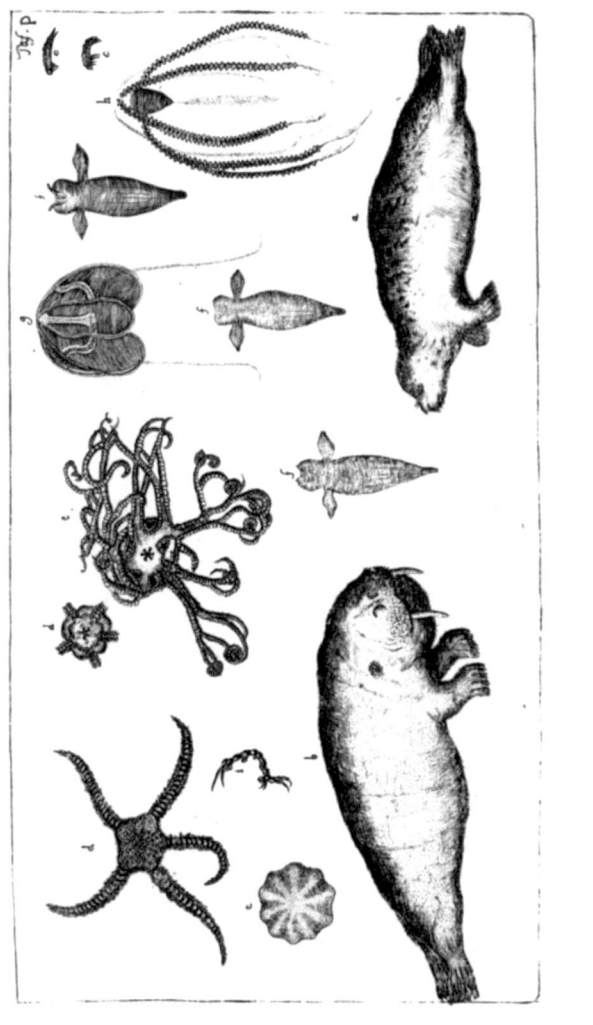